一生使える基礎技術
ショート~ミディアムの
フォーマルセット入門

新井唯夫

BASE STYLE INDEX
デザイン編　ベーススタイル一覧

本書で学べる25のセットデザインバリエーション。そのベーススタイルをbeforeのレングス・デザイン順に一覧化しました。ウイッグをカットして準備する時の参考にしましょう。

耳ぎりぎりのショート

ショートレイヤー

ボブ系

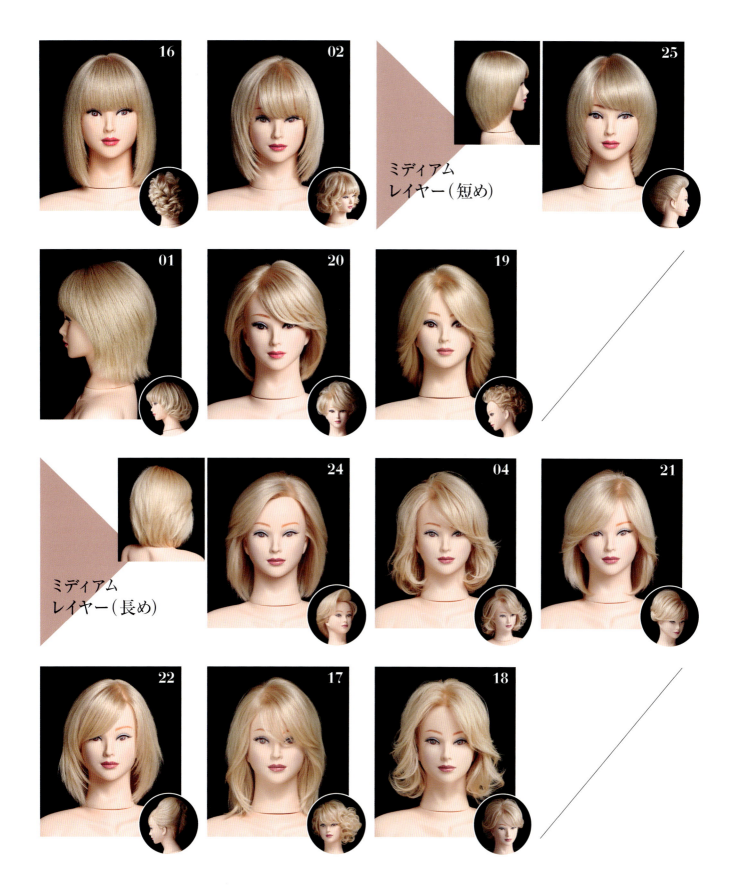

ちょっと先取り入門編ダイジェスト

巻末（138ページ〜）の入門編では、短い髪のフォーマルセットにおいて特に重要なテクニックを網羅しています。デザイン編に入る前に、入門編で伝えたいこととその要点を紹介します。

> 入門編では

セット上達のコツを習得できる

ショート〜ミディアムのセットでは、根元〜毛先をフルに使って**フォルムを構成すると同時に、動きや方向性をつける**必要があります。さらに、毛先が表面に出てくることが多いため、**毛先の質感や仕上げ方がクオリティを左右**します。だからこそ、コームで丁寧にとかす、アイロンを回転させながら巻く、逆毛を効果的に立てるなどのテクニックが重要になってくるのです。入門編では、これらの内容を網羅。**セットが上達するためのコツ**を伝授します。

入門編の要点ダイジェスト

Introduction
そもそもセットとは？

入門編は、ショート〜ミディアムのセットを学ぶにあたって知っておきたい基礎の基礎からスタート。大前提を理解した上で、「仕込み」から始まる本編へ移ります。

> ブローやアイロンなど、さまざまなセットと熱・湿度との相関関係をイメージ化したグラフは、本書のために開発したコンテンツ
>
> →141ページへ

さまざまなセットと熱・湿度の相関イメージ

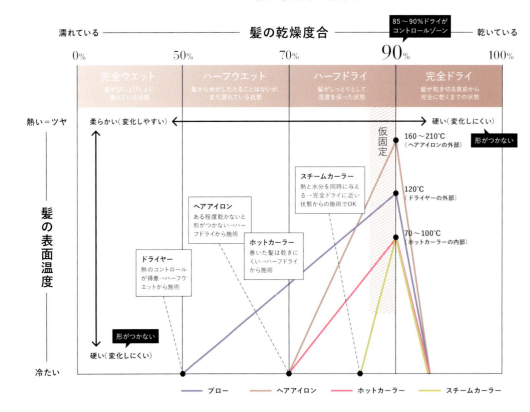

PART 1 仕込み入門
下準備で大きく差がつく「仕込み」をマスター

おもに髪質調整とブロードライからなる仕込みについて、その役割や注意点を見やすく、分かりやすく解説します。

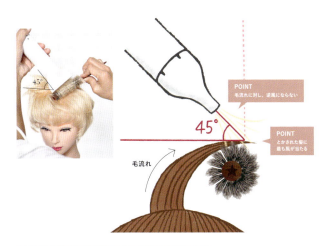

"ドライヤー45度の原則"も、イラスト入りだから理解しやすい

→147ページへ

PART 2 巻き入門
持ち方から使い方のコツまで「巻き」を徹底攻略

「ホットカーラー巻き」、「ロールブラシ巻き」、「カールアイロン巻き」、「ストレートアイロン巻き」——アイテムを上手に使いこなしてきれいに巻くためのコツを紹介します。

ルーティンワークになりがちな「ホットカーラー巻き」。レベルアップの秘訣とは?

→150ページへ

PART 3 逆毛入門
髪はどう変化する？「逆毛」の仕組みを学ぶ

まずは逆毛にまつわる素朴な疑問を解消し、次に「地肌逆毛」「根元逆毛」「中間逆毛」「毛先逆毛」の4つに分けて解説。逆毛の目的を理解し、その効果を検証します。

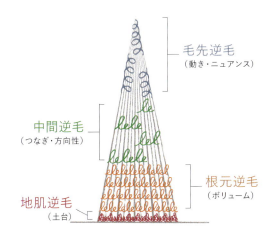

どこにどれだけの逆毛が必要かを見きわめるには、逆毛の仕組みを理解することが不可欠

→166ページへ

PART 4 仕上げ入門
クオリティを高める「仕上げ」その真髄に触れる

セットの解説では省かれがちな「仕上げ」の工程を深堀り。「シェープワーク」、「テールワーク」、「仮留めワーク」、「スプレーワーク」の順に、体系的な理解を促します。

スプレーの仕上げで失敗しないために、知っておくと役立つ知識が満載

→180ページへ

※入門編のチェックポイントは、9ページの「使い方マップ」にも掲載しています

02	デザイン編 ベーススタイル一覧
04	入門編 ダイジェスト
08	この本の使い方マップ

デザイン編 25のセットデザインバリエーション

12 　PART 1　ボブ系ベースのデザインバリエーション

14	Style 01_ マッシュルームヘア	18	Style 02_ エアリーなカーリーウエーブ
22	Style 03_ かき上げ風 アシンメトリーカール	26	Style 04_ 外巻きリバース 全体カール
30	Style 05_ フィンガーウエーブ風	34	Style 06_ フロント立ち上げ ウエーブカール
38	review カールをつける		

40 　PART 2　ショートデザインバリエーション I

42	Style 07_ トップボリューム 耳かけ	46	Style 08_ オールリバース オフザフェイス
50	Style 09_ アイロンランダムカール	54	Style 10_ アイロン外ハネカール
58	Style 11_ トップボリューム フォワード		
62	review トップのボリューム／フロントデザイン		

66 　PART 3　ショートのデザインバリエーション II

| 68 | Style 12_ マッシュショート アシンメトリーカール | 72 | Style 13_ 全体ボリューム ミックスカール |

76	Style 14_ フロント立ち上げ ボリュームカール	80	Style 15_ 内巻きウエーブ ラウンドフォルム
84	review フロントを立ち上げる／毛流れをつける		

86　PART 4　編み込み＆カールデザインバリエーション

88	Style 16_ ロープ ＆ 三つ編み込み くずし	92	Style 17_ ロープ編み込み サイドカール
96	Style 18_ ギブソンタック ワンロール風	100	Style 19_ リバース バックウエーブカール
104	review 毛束をねじる／うねりをつける／毛束を留める		

108　PART 5　ショート〜ミディアムのアップデザインバリエーション

110	Style 20_ トップボリューム ひねり留め	114	Style 21_ フェミニンアップ ひねり一束
118	Style 22_ クラウンボリューム 夜会巻き	122	Style 23_ ショートレイヤー ネープ夜会
126	Style 24_ ネープロール 抱き合わせ	130	Style 25_ オール面構成のラウンドフォルム
134	review 衿足を上げる	137	ピニングの復習

入門編　フォーマルセットの超重要テクニック

140　Introduction

142　PART 1　仕込み入門
143　髪質調整にまつわる Q&A
144　仕込みの工程

148　PART 2　巻き入門
149　4つの巻き それぞれの特性
150　ホットカーラー巻き
152　ロールブラシ巻き
156　アイロン巻き（カールアイロン／ストレートアイロン）

164　PART 3　逆毛入門
165　逆毛にまつわる Q&A
166　逆毛の種類
168　逆毛の効果を検証

170　PART 4　仕上げ入門
171　仕上げの工程 それぞれの目的
172　シェープワーク
174　テールワーク
178　仮留めワーク
180　スプレーワーク

183　あとがき

この本の使い方マップ

『ショート〜ミディアムのフォーマルセット入門』は、デザイン編と入門編の2本立て。
セットのデザインバリエーションとそのつくり方を見たい人はデザイン編から、
セット技術のコツを先に知りたい人は入門編からと、どちらからでも学べる構成になっています。

Design デザイン編の使い方

デザイン編では、ショート〜ミディアムのbeforeから、25スタイルのセット&アップスタイルのバリエーションを展開。それぞれ「スタイルを見るページ」と「技術を学ぶページ」に分かれています。

「スタイルを見るページ」のチェックポイント

\ 練習する時はこの状態にカットしよう /
Before のカットベースを check

各スタイルの学習ポイントを check

スタイルの仕上がりを、さまざまなアングルで check

「技術を学ぶページ」のチェックポイント

\ まずはビジュアルで流れをつかむ /
技術の流れを写真で check

\ なぜ？の疑問に答える、実地講習さながらの解説で、理解が深まる /
技術解説テキストを check

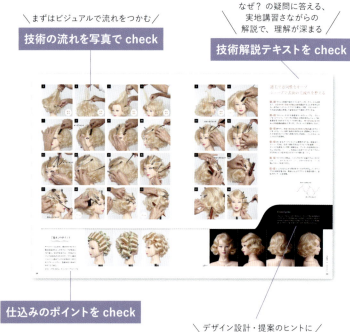

仕込みのポイントを check

\ デザイン設計・提案のヒントに /
フォーマル対応ポイントを check

\ 学びたいカテゴリーから先に読んでもOK /

- **PART 1** ボブ系のセット 6スタイル
- **PART 2** ショートのセットⅠ 5スタイル
- **PART 3** ショートのセットⅡ 4スタイル
- **PART 4** 編み込み&カールデザイン 4スタイル
- **PART 5** アップデザイン 6スタイル

→さらに、各PARTの最後には、復習コーナー付き

Tecnique 入門編の使い方

入門編では、セットの工程を4つのカテゴリーに分類。見やすい写真とイラスト入りで、セットの基本のきほんを学べます。

PART1 「仕込み入門」のチェックポイント

・髪質調整＆ブロードライの工程を check
・ドライヤーの持ち方と使用上のコツを check

PART 2 「巻き入門」のチェックポイント

・ホットカーラーを上手に巻くコツを check
・ロールブラシの持ち方と使用上のコツを check
・カールアイロンとストレートアイロンの持ち方・使い方を check

PART 3 「逆毛入門」のチェックポイント

・逆毛の目的と種類を check
・逆毛の効果の具体例を check

PART 4 「仕上げ入門」のチェックポイント

・コームとブラシによるシェープのコツを check
・テールワークの目的と効果を check
・仮留めアイテムの効果的な使い方を check
・スプレーのしくみと使い分け方を check

―― message ――

デザイン編 or 入門編　好きな方から読んでバリエーションと技術の引き出しを増やしましょう

25の
セットデザイン
バリエーション

フォーマルシーンにふさわしい、25の
セットデザインとそのつくり方を紹介し
ます。ショートのセットで需要の多いも
のや普遍的なスタイル、留袖に合うデ
ザイン、衿足が短いショートのアップな
ど、習得すれば必ずサロンワークで役
に立つスタイルを厳選しました。

ボブ系ベースのbeforeから、6スタイルのバリエーションを展開。ボブは毛先がアンダーに重なっているデザインなので、表面の動きを使った毛流れとフォルム、そして何より毛先の質感や仕上げ方がクオリティのカギを握ります。写真で技術の流れをつかみ、解説でポイントを理解して練習しましょう。

ボブ系ベースの
デザイン
バリエーション

STYLE
NO.
01
—
06

ボブ系ベースのデザインバリエーション
01 マッシュルームヘア

レイヤーが多めに入り、毛先がふぞろいな状態のbeforeに対し、巻きのテクニックで毛先に丸みをつけ、前髪〜サイドをマッシュラインにつなげたスタイル。凹凸の調整と束感表現により、ふんわり表情豊かに仕上げます。

before

「仕込み」のポイント

ベース剤とグロスを塗布して髪質調整後、スケルトンブラシでブロー。ドライヤーで乾かしつつ、全体にフォワード方向の毛流れになるよう、根元からブラシを入れてクセづける。毛先は内巻きになるようラフに形づけておく。

へこませてふくらませる
カール構築テクニック

1〜2 ミルクタイプのトリートメントとグロスを全頭に塗布して保湿後、ロールブラシ巻きで内巻きフォルムのベースをつくる。この時、サイドの生え際の髪をふくらませるために引き上げてブローしてから内巻きにすると、毛束がまとまりやすい。

3 顔まわりはマッシュラインにベースを整える。

4〜5 26ミリのカールアイロンで、全体の中間〜毛先に内巻きのカールを構築していく。
顔まわりはマッシュラインに沿って斜めに巻き、サイドと前髪をなめらかにつなげる。この時、肌に当たらないようコームでガードするのを忘れずに。

6〜16 バックとサイドの巻きでは、一度中間部をへこませてから（6・7・10・12・14）、毛先に向けてふくらみをつけ（8・13・15）、毛先には内巻きのカールをつける（11・16）。

9 トップはステムを上げて巻き、立ち上がりをつける。その後、中間に向けてステムを下げてカーブさせ、ストレートにつなげる。

10 バックサイドは、前上がりのマッシュラインとなるよう、斜めに巻くこと。

17〜20 衿足の長さを詰めてタイトに締めるため、すそまわりの毛束に逆毛を立てる。少量ずつ毛束をつまんで引き出し、毛先から根元側へ押し込むようにして逆毛を入れる。

21〜22 バックサイドの毛先はS字状に曲線づけて、やわらかいニュアンスを添える。

23〜24 仕上げブラシのテールでディテール調整。要所をへこませてランダムな束感を出し、表情豊かに仕上げる。

Formal point:
中間部にへこみをつけ、毛先に向けて一度ふくらみをつけながらもアウトラインは内巻きにおさめる——繊細なテクニックを駆使した曲線表現で、カジュアルすぎないマッシュルームヘアに。逆毛を入れて衿足を締めているのも、上品に仕上げるポイントです。

after

02 ボブ系ベースのデザインバリエーション
エアリーな カーリーウエーブ

エアリーでボリューム感のあるカールをつけつつ、髪全体につながりを持たせることでまとまりと持ちの良さを叶えたスタイル。トップの立ち上がりとカールの動きを、巻きとブラッシングの合わせ技で表現します。

before

「巻き」のポイント

水スプレーで軽く全体を濡らした髪にベース剤とグロスを髪によくなじませた後、前髪以外の全頭をホットカーラーで内巻きにする。トップ以外は細めのカーラーで巻き、全体にステムを下げ気味にして巻きおろす。

ブラシアップテクニックでつながりのあるカールを形成

1～3 まずはホットカーラー巻きでついた根元のクレバスをとるため、スタイリング剤（ツヤ感タイプのグロスとファイバーワックスを混合）を塗布後、ロールブラシでブロー。
4からは、クッションブラシを用いて、髪全体につながりのあるカールを構築していく。

4～5 ブラッシングで全体をよくなじませてから、サイド～バックの髪を生え際から真上に引き上げるようにシェープ。

6～7 左手の指先で表面の髪をつかんで下方向へ引き出すと同時にブラシも引きおろし、左右に動かすようにしてカールを形成していく。

8～12 同様にしてサイド～バックにカールをつくった後、表面を軽くシェープして整える。

5～12のブラシアップテクニックにより、毛束同士がからまり、くっついた状態でカールを形成することができる。つながりのあるカールは持ちがよく、くずれにくいので、セットスタイルには欠かせない。

13～14 前髪は26ミリのカールアイロンで内巻きにし、中間～毛先に丸みをつける。顔まわりはリバースに巻き、動きに変化をつける。

15～16 仕上げの工程では、ツヤ感タイプのグロスをつけた仕上げブラシを、ピンポイントで動かす時はブラシを縦にあてて毛先を散らし、エアリー感を強調。

17～19 スプレーで動きをキープしつつ、表面を軽くシェープして束感を出す。

20～24 要所をダッカールで仮留めしてランダムにへこみをつけた状態で、表面の髪をつまんで引き出したり、毛先の動きを強調させながら、フォルムにメリハリをつける。最後にハードスプレーをふきつけ、ディテールを整える。

Formal point:

トップの立ち上がりと、エアリーかつボリューム感のあるカール、動きのある束感、凹凸のメリハリなど、さまざまなデザイン要素でゴージャスな印象を醸し出しています。さらに、フルバングの毛先に丸みをつけてキュートな雰囲気をプラスしました。

after

03 ボブ系ベースのデザインバリエーション
かき上げ風アシンメトリーカール

手グシでかき上げたような、サイドパートのカールデザイン。ホットカーラー巻き、ロールブラシ巻き、逆毛などのテクニックを駆使することで、髪がフロント側に落ちることなくバックへの毛流れをキープできます。

before

「巻き」のポイント

水スプレーとベース剤で髪質調整後、ホットカーラーでフロントとサイドは外巻き、他は内巻きにしてしっかりカールをつける。はずした後はスタイリング剤をつけてブローし、根元のクレバスをとる。生え際はブラシで持ち上げるようにブローする。

つなぎの逆毛で髪をからませ
テールでカールを形成

1～2 ロールブラシ巻きでフロント～トップの毛流れをつける。フロントは根元の立ち上がりからゆるやかな曲線を描き、トップは面が割れないようにする。

3～7 髪全体がからまるように、中間付近につなぎの逆毛を入れる。毛流れがバックへ向かうよう、後方へ毛束を引いてバックコーム。サイド、バック、トップの順に逆毛で髪同士をつなぎ、耳後ろは頭皮付近までしっかり逆毛を立てる。

8～10 フロント～サイドを仕上げブラシでシェープ。フロント付近はパート側へプッシングして立ち上がりをつけ、立ち上がり部分をつまんで束感を出しながらとかす。毛流れがついたら輪グシで仮留めし、スプレーで仮キープ。逆サイドも同様に。

11～13 毛量がサイドに溜まりすぎないよう、テールで内側の毛束を後方へ引き込み、バック側へボリュームを移行。毛束を引き出してカールをつくり、逆毛を入れてフォルムを締める。

14～15 もみあげの髪はタイトに後方へ引き、スプレーをふきつけた後、ダブルピンで仮留め。さらに耳後ろに毛量が溜まらないよう、テールで量感を後方へ引き込む。

16～18 衿足の毛束に逆毛で毛量をおさえてフォルムを締め、テールでカールのバランスを整える。バックのカールに指を入れてへこみをつくり、陰影をつける。

19～21 耳後ろの毛先は内巻きにおさめ、右サイドは耳にかけて後ろに流したような毛流れをつけ、ハードスプレーでキープ。

22～24 フロントの毛流れやサイド～バックのカール等、ディテールを最終調整して仕上げる。

Formal point:

バックサイド～バックに構築されたゴージャスなカール、フロント～サイドのエレガントな曲線の毛流れ、サイドパートのアシンメトリーなデザインなどで、気品のある女性像を表現。自然にかき上げたようなスタイルをしっかりキープできるのは、セットの醍醐味です。

after

04 外巻きリバース全体カール

ボブ系ベースのデザインバリエーション

曲線を描く毛流れから、華やかなカールへのつながりが見せどころの外巻きカールデザイン。仕込みから始まるボリュームコントロール、方向性・つながり・からみをつくる逆毛のテクニックを習得しましょう。

「仕込み」のポイント

オーバーセクションは、リバースの大きな毛流れをイメージしながらロールブラシでブロー後、ホットカーラーで全頭に大きめの外巻きカールをつける。さらにブローでクレバスをとり除きつつ、バックにボリュームを溜めるようにブラッシングする。

耳上には立ち上がりをつけ
逆毛でカールをつなげる

顔まわりやサイドにボリュームが溜まると重い印象になり、くずれやすいため、バックにボリュームを集めていくことを意識して施術する。

1〜2 全体をバック方向へシェーピングした後、まずはコーミングでフロントの毛流れをつくる。

3〜7 トップサイドに逆毛で毛流れをつけてキープし、さらに方向性をつけていく。毛流れと逆方向にコームを押し込むようにバックコーム。これをトップ〜サイドで繰り返す。

8〜9 フロントのパート付近は、根元を指でつまんで立ち上がりと束感をつけ、輪グシで仮留めしてから次の工程へ移る。

10 アンダーは、逆毛で髪同士をつなぎ、からまりのあるカールをつくっていく。下から左手を入れて毛束をとり、中間部をバックコーム。

11〜13 ネープ〜バックサイド〜サイドにかけても同様に、つなぎの逆毛を立てる。

14〜15 中間〜毛先には丁寧に逆毛を立てて毛束をからませる。

16〜17 逆サイドも同様に施術。アンダーにつながりのあるカールを形成し、毛先はさらにからませる逆毛で華やかな動きをつける。

18 耳上に立ち上がりをつくるため、もみあげ部分は引き上げてシェープした後、根元をダブルピンで仮留めした状態で仕上げに移る。

19〜21 サイドの毛流れからつながるように、中間〜毛先のカールを仕上げブラシで整える。

22〜24 最後はテールやライジングコーム(171ページ参照)で表面の束感と毛流れを整え、ハードスプレーで固定。顔にかからないよう、手でマスキングするのを忘れずに。

Formal point:

フロントの立ち上がり〜サイドに向かって曲線的に下降する毛流れ。ボリュームを保った状態でこの毛流れを表現することが、フォーマル感のある仕上がりに導くポイントです。さらに額やこめかみ、サイドの内側に「浮き」をつくることで、軽やかで優雅な雰囲気に。

after

05 ボブ系ベースのデザインバリエーション
フィンガーウエーブ風

フィンガーウエーブ風のウエービーボブは、ブライダルやセレブのスタイルとしても人気があり、ぜひ習得しておきたいデザインのひとつ。美しく形づけたウエーブをしっかり固定するテクニックに要注目です。

「巻き」のポイント

サイドパートに分け、薄めのスライスで根元付近からしっかりウエーブが出るように巻く。ゆるやかなウエーブをねらうバックは厚めのスライスで。アウト後はファイバー系のワックスを多めにつけてよくブラッシングし、毛流れをつながりやすくしておく。

※ウエーブが弱い場合は、カールアイロンでフォローする。

逆毛で方向性をキープ シェープで表面の毛流れを整える

1〜5 ウエット状態で固めてつくるフィンガーウエーブとは異なり、ドライヘア・ウエーブをしっかり固定することが求められる。まずはバック・トップ・サイドの根元〜中間、フロントのパート付近は地肌に密着した逆毛を立てて固定しやすくする。

6〜8 フロント〜サイドの表面をコームでシェープし、ウエーブをつけていく。ヘビーサイド側は、前髪を斜めにシェープ後、表面を指でおさえてウエーブを折り返し、オープンエンド（ウエーブの凹波の部分）に形づけ、ダッカールで仮留めしておく。

9〜12 続けて、クローズドエンド（ウエーブの凸波）のウエーブをつける。バック側に毛流れを引き込み、仮留めしてからテールで毛流れをバック側へ移動させると同時に、バックのカールとつなげて仮留め。

13〜16 次にまたオープンエンドに展開するため、表面をカーブシェープさせ、左手で端を引き出してウエーブを強調（13）。テールで毛量をバック側へ移動させ、アンダーの立体的なカールにつなげる（14・15）。毛先はこれまでつくってきたウエーブときれいにつながるようにテールで整える（16）。

17〜19 ライトサイド側は、ヘビーサイドとは逆にクローズドエンド（17）、オープンエンド（18）、クローズドエンド（19）の順にウエーブを形づける。

20〜24 トップの立ち上がり部分をテールで引き出し、バックトップとの境目を整える。最後に仕上げブラシで表面を整え、全体のディテールを調整。

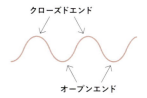

Formal point:

フロント〜サイドにかけてのフィンガーウエーブ風の平面的なウエーブから、トップのやわらかい毛流れ、バックのリッチなカールへのつながりがデザインの見せどころ。左右でリッジの方向を逆にしたウエーブをつくることで、メリハリのあるスタイルに。

after

06 ボブ系ベースのデザインバリエーション
フロント立ち上げウエーブカール

1950〜60年代、ハリウッド女優の間で大流行したセットデザイン。現在再び、多くの海外アーティストやセレブがこのテイストに注目し、ヘアスタイルにとり入れています。絶妙なバランス感覚がカギとなるスタイルです。

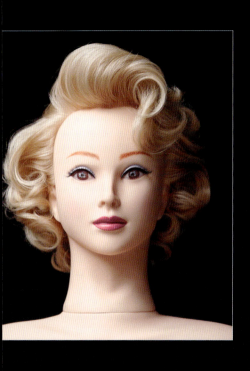
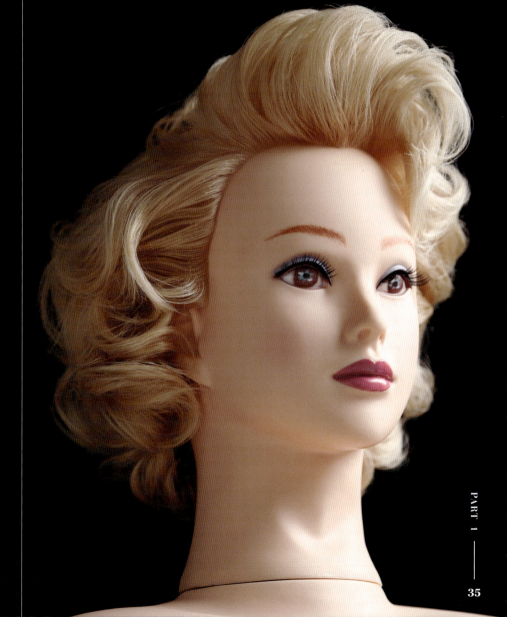

PART 1

「巻き」のポイント

ボトムが大きくならないよう、フロント以外はステムを下げて巻き、おさまりの良いカールに。ホットカーラーをはずした後は、グロス系とファイバー系のワックスを全頭にまんべんなく、しっかりにぎり込んで塗布。軽くつけるとカールがだれやすいので注意。

表情豊かなウエーブ&カールはシェープとテールでつながりよく

1〜2 全頭をリバース方向にブラッシングしてよくなじませ、ライトサイド側の表面にはウエーブ状の毛流れをつける。

3〜5 ヘビーサイド側はフロントに立ち上がりをつけ、トップ〜バックへの毛流れにつなげる。

6 さらにグロスワックスをつけた仕上げブラシで、バックの表面に束感を出すようにシェープ。

7〜8 もみあげ付近は、ハードグロスをつけた仕上げブラシで斜め上にタイトにシェープ後、ダブルピンで上からおさえつけて仮留め。

9 続けて、サイドの中間〜毛先にうねりをつけるため、毛流れの起点をブラシのテールで固定した状態で、毛先側をずらしながらフロント側に戻すようにして形づける。

10 耳後ろ〜衿足には細かいうねりとウエーブをテールなどで出し、要所をおさえてフォルムを締める。

11 動きがほしい場所には、ブラシとかしながら指先でカールを広げ、立体的な曲線をつくる。

12〜15 右サイドのもみあげも 7・8 と同様にタイトシェープ。仮留め後、中間部を指でおさえながら毛先側をフォワード方向にとかす。さらにもう1つ毛先側にもカールをつくり、中間〜毛先にS字状のウエーブを形成。耳後ろ〜衿足、サイドバックは 10・11 同様に。

16〜21 フロントの立ち上がり部分を仕上げる。ハードグロスをつけたブラシで毛流れに沿ってシェープ後、コームで根元をとかしながらプッシングでボリュームアップし、立ち上がりを仮留め。テールでさらに立ち上がりを整えてからウエーブをフロント側へ戻し、サイドの毛流れにつなげて動きを整える。

22〜24 ライジングコームなどでボリューム感やアウトラインを整え、最後にマスキングしながらハードスプレーでしっかり固定する。

Formal point:

ツヤ感のあるカールをゴージャスにあしらうことで、フォーマル感を演出。ただし、このスタイルが流行っていた当時の、アミカーラーで巻いたようなカチッとしたイメージよりは、少しカジュアルな雰囲気を醸し出すことで、レトロ×モダンなスタイルに。

after

PART 1 *Review*
デザインパーツをおさらい

カールをつける

Part1の復習では、セットのデザイン構成上重要な
要素の一つである「カール」に焦点を当て、
STYLE01〜06で出てきたカールのつくり方をおさらいします。

ブラシアップ　［→STYLE02］

 →  →  →

クッションブラシで生え際から真上にとかした後、表面の髪とブラシを
同時に引きおろし、指で左右に動かすようにしてウエーブカールをつける。

S字シェープ　［→STYLE06］

←  ←

後方へ引いた毛束の中間部をおさえ、毛先側をフォ
ワードにシェープ。ウエーブをつなげながらさらにもう
1度毛先側へカーブさせてS字状のカールを形成。

※細めの仕上げブラシの先を使ってシェープする。

つなぎの逆毛&テールワーク
[→STYLE03]

全体の中間付近に髪同士をつなぐ逆毛を立てた後、テールでバックに毛量を移行。バックに集まった表面の毛束をテールで引き出してカール状に。

全体逆毛&テールワーク
[→STYLE05]

根元逆毛、中間逆毛、地肌逆毛（パート付近）でボリュームと方向性をつけて全体をつなげた後、フィンガーウエーブ風にとかしつけ、毛先のカールにきれいにつながるようテールで整える。

つなぎの逆毛&からまる逆毛
[→STYLE04]

中間部につなぎの逆毛を立てた後、毛先にかけて丁寧に逆毛を立てて毛束をつなげてからませながらカールをつくる。

カールアイロンで凹凸調整
[→STYLE01]

カールアイロンで中間部をへこませた後、毛先に向けてふくらみをつけ、毛先はひねりながら内巻きにすることで、表情豊かなカールをつける。

PART 2

ショートデザイン バリエーションⅠ

全体的にレングスが短いショートのセットデザイン。耳が隠れる程度の before からリッチなカールデザインに仕上げるアイロンやブローテクニックは必習です。トップにボリュームを出したり、リバースやフォワードの毛流れをつけたデザインは、ミドル〜ハイエイジに欠かせない技術なのでしっかりと身につけましょう。

STYLE
NO.
07
—
11

07 ショートデザインバリエーション I
トップボリューム 耳かけ

トップにボリュームを出してサイドの髪を耳にかけた、ショートレングスには定番的で需要の多いスタイルです。ロールブラシ巻きと逆毛のテクニックを使い、低めのリバースの毛流れで小顔効果を出していきます。

「仕込み」のポイント

トリートメントとグロスワックスをつけた後、ハンドブローで乾かしながら毛流れのベースを整える。トップは根元がつぶれないように立ち上がりをつけ、中間〜毛先には手グシを通して毛流れをつける。もみあげの髪は耳にかけ、タイトに締める。

ロールブラシ巻きでカール感
逆毛で方向性とボリュームを

仕上がりのフォルムを意識しながら、ロールブラシによる巻きでセクションごとに丸みをつける。

1 耳後ろ〜ネープはタイトに引っかけながら丸める。
2〜4 バックのミドルはダウンステムでパネルをやや引き下げ、オーバーに向かって徐々にステムを上げる。バックサイドは斜めに広がりをつけてバックにつなげる。

5〜8 前髪は内巻きにブロー後、毛先を外巻きにして横に流す。その上のセクションは、前髪にカールが重なるように形づけ、トップにつなげる。

ロールブラシ巻き後は、全体に逆毛を立ててボリュームと毛流れをつける。

9〜10 もみあげ〜耳後ろはヘムラインに沿って逆毛を立て、リバース方向の毛流れをつける。
11〜15 さらにバック〜トップ〜フロントトップの立ち上がり部分〜サイドまで逆毛を立て、ボリュームと毛流れをつける。

逆毛を立てた後は、表面をシェープしてサイド〜バックトップ〜トップにかけての毛流れを整える。

16〜17 もみあげは浮かないよう、タイトにシェープ後にダブルピンで仮留めし、バックトップへ移行。
18〜19 顔まわりは、こめかみをおおうような低めの毛流れでもみあげのタイトシェープにつなげる。
20〜22 トップ〜バックのフォルムを整え、前髪はライジングコームで毛流れを強調し、さらに表面をつまんで引き出し束感をつくる。
23〜24 仕上げのテールワークでは、サイドの表面にへこみをつけて毛流れに立体感を出し、立ち上がりの部分を引き出してフォルムを調整する。

Formal point:

トップにボリュームを出した気品漂うスタイル。もみあげはタイトに締めつつ、顔まわりの表面にはこめかみをおおうような曲線の毛流れをつけることで、奥ゆかしさを演出。さらに、おろした前髪は毛先を軽く横に流し、可愛らしい印象に。

after

08 ショートデザインバリエーション I
オールリバース オフザフェイス

フロントに立ち上がりをつけ、サイド〜バックのリバースの毛流れにつなげたデザイン。適度な丸みと凹凸でメリハリを出す方法、部位により異なる毛流の特徴をふまえて毛流れを矯正するテクニックを習得しましょう。

before

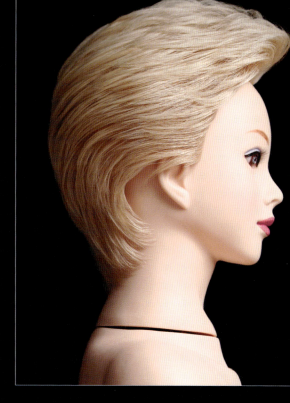
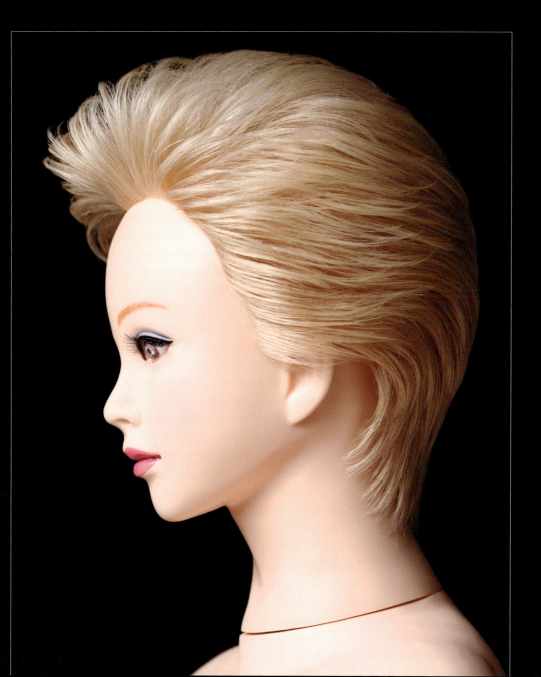

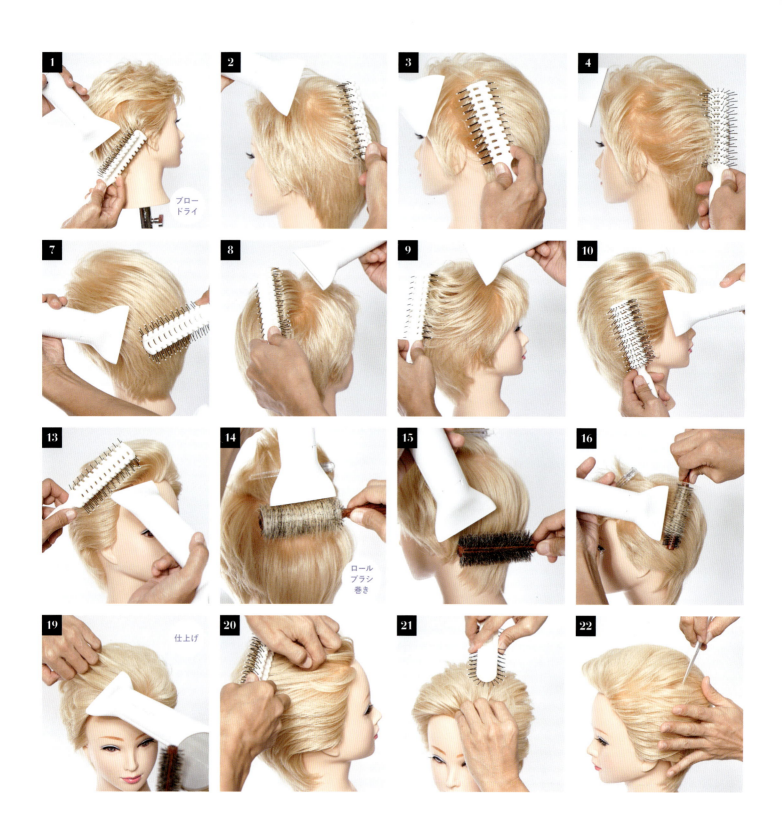

「仕込み」のポイント

ハーフウエット状態で、トリートメントとグロスワックスを（毛量の多い部分には多めに）つけた後、ハンドブローで毛流れの方向性をつける。フロント～トップには分け目がつかないよう、左右に手を振るようにして乾かす。

スケルトンブラシでセット後 ロールブラシで曲線とツヤを

スケルトンブラシによるブローで、根元の立ち上がりと毛流れのベースをつくる。

1 ～ 10 ネープはカーブさせてフォワード方向に、トップ、サイド、バックはリバース方向にとかしつける。

注意点として、左サイドは毛流れが逆方向（フォワード）になりやすいため、根元からブラシをかませてバックへ回転させてとかしつけ、ドライヤーの熱を根元～中間部に当ててしっかり方向づける（3～4）。サイドの生え際は折り目がつかないようなめらかにブラシを回転させ（5・6・10）、根元がつぶれやすいバックトップは逆サイド側へ根元を起こすようにして頭皮に近い部分にドライヤーの熱を当てる（8）。

11 ～ 13 フロントは逆方向にクセをつけ、サイドに毛流れをつなげる。毛流れとは逆方向に根元からブラシを入れ、フロントセンターへブラシを戻してブロー。リッジをつけたい部分ではブラシを止め、フロント側へプッシングさせて形づける。

14 ～ 18 全体にフォローのロールブラシ巻きで中間～毛先を曲線づけ、ツヤ感を与える。
バックのアンダーは表面をおさえつけるようにブラシを当て、ダウンステムで回転させて頭の形に沿った丸みをつける。バックサイドも同様に。トップはステムを上げ、立ち上がりとカールをつける。

19 ～ 24 仕上げの工程でのポイントとして、ファイバーワックスとグロスを全体につけてから行なうとで髪がなじみ、かつ引っかかりができるので、手グシやテール、ブラシを使った束感などディテールの最終調整がしやすくなる。

Formal point:

フロントの立ち上がりとボリューム感、オールリバースの凛とした毛流れは、留袖などの格の高い装いを引き立てます。クラウンにボリュームを出しながらも、耳後ろはタイトにシェープしてフォルムにメリハリをつけている点が、このデザインの見せどころです。

after

09 ショートデザインバリエーション I
アイロンランダムカール

マッシュベースのショートヘアに、カールアイロンでラフなカールをつけたデザイン。カールの動きや方向性をランダムに配置しつつも、骨格に合わせたバランスの良いフォルムにつくり上げましょう。

before

「仕込み」のポイント

ベース剤をつけて髪をしっとりしなやかな状態に整えた後、スケルトンブラシでブロードライ。全体にフォワード方向の毛流れをつけ、ツヤ感をキープしながら乾かす。ネープはタイトに締めてフォルムのベースを整える。

2種類のカールアイロンで表情豊かなミックスカール

26ミリのカールアイロンで、大きめのカールをつけていく。

1～2 トップは根元近くからカールアイロンを入れ、立ち上がりのある丸みをつける。

3～5 前髪や耳まわりは中間～毛先を軽く巻く。

6～9 クラウン付近には立ち上がりをつけ、サイドには動きを出すため、それぞれリバース・フォワードを織り交ぜて巻く。

10 フロントはフォワード巻きでひねりを加えて強めに巻く。

11～12 耳まわりやネープは、19ミリのカールアイロンで、ランダムに細かいカールをつける。
耳まわりの短い毛を巻くときは、コームで耳をガードしながら巻くこと。

13～17 ネープサイドやフロント、クラウン付近などの中間～毛先を巻き、ところどころに細かいカールを入れ込んでいく。

仕上げでは、指先でカールの動きをつくっていく。

18 ファイバーワックスとグロスを、全体になじませながらおさえたり、要所をつまむようにして、形を整える。

19～20 アンダーには軽く指を入れ込むようにしてへこみをつくり、衿足は毛先の動きを丁寧に整える。

21～24 サイドやトップなどは、ところどころに逆毛を入れて髪をからませ、毛量や方向性、動きをコントロールしてフォルムを最終調整。

Formal point:

ラフな動きのカールも、随所にツヤのあるカールを織り交ぜることにより、上品でモード性の高いデザインとなります。飛び出したような毛先の動きや立ち上がりの強いカール、くしゃっとからまる逆毛などをバランス良くミックスし、表情豊かに仕上げています。

after

10 ショートデザインバリエーションⅠ
アイロン外ハネカール

全体に外ハネの動きをつけたカールスタイル。ストレートアイロンとカールアイロンを使い分け、外ハネの毛束をベースに要所にランダムな動きをつけつつ、なじみの良い仕上がりとなるようカールを配置していきます。

before

「仕込み」のポイント

ベース剤を塗布してツヤを出した後、仕上がりをイメージしながら手グシで外ハネに形づけ、さらにスケルトンブラシによるブローで大まかな動きと方向性をつける。トップは根元から軽く立ち上がりをつけ、前髪は毛先をセンターに集めるようにとかしおろす。

アイロンと巻き方を使い分け 立ち上がりとカールを両立

1~2 アイロンの熱から髪を守り、ツヤと動きを出しやすくするため、スタイリング剤（ヘアミルクとグロスを混合）を塗布。その後、フロント~トップをストレートアイロンでセンター方向に巻き、フォワードの毛流れと束感をつけていく。

3~4 コームを裏側から入れて薄めのパネルを引き出し、中間部をアイロンではさむ。続けてアイロンを手前へ回転させて毛先までスルー。中間~毛先にカールをつける。フロントのパネルも同様に、内側のカールに重ねるように形づける。

5~6 アイロンスルー後は、コームで毛束を支えて数秒冷まし、その後コームスルー。やけど防止とともにカールが安定し、なじみが良くなる。

7~9 トップは根元に立ち上がりをつけるため、パネルを真上に引き出し、ややステムを上げてアイロンを通す。アイロンスルー後は、5・6と同様にクールダウンしてコームを通す。

10~14 サイド~バックに19ミリのカールアイロンで外巻きのカールをつける。ストレートアイロンの施術と同様、やけど防止のためコームフォローすること。衿足の毛先は外ハネにし、耳後ろは毛先をフォワード方向に形づける。

15~16 バックのオーバーは、根元を巻いた後、アイロンの向きを変え、中間~毛先は横方向にカールをつける。

17~19 ボリュームがほしい部分は、外巻きにした後、根元付近にアイロンを入れ込み、コームで毛先側をおさえることでしっかり立ち上がりをつける。バックセンターは16と同様、横方向に巻き、カールに変化をつける。

20~21 表面の毛先は、少量の毛束をとってランダムな方向に巻き、細かいカールを織り交ぜる。

22~24 仕上げでは、指先で毛先をつまんで引き出し、カールのバランスを整える。毛束はハードグロスをつけた仕上げブラシでとかしつけ、束感を強調。必要であればカールアイロンでアウトラインのディテールを整える。

Formal point:
スタイリング剤を補いながらしっかりとツヤを出し、トップの立ち上がりやサイド~バックの華やかな動きを表現することで、エレガントな大人の魅力を引き出す外ハネデザインに。フロントは毛先をセンターに集め、なじみの良いカールを配置してリッチな印象に。

after

11 ショートデザインバリエーションⅠ

トップボリューム フォワード

トップにボリュームを出し、フォワードの毛流れをつけた、ミドル〜ハイエイジに需要のあるスタイル。ロールブラシ巻き＋逆毛でボリュームと持ちの良さを叶えるセットは、ぜひとも習得すべき普遍のテクニックです。

before

「仕込み」のポイント

水スプレーで髪を濡らしてからベース剤を塗布して髪質調整後、ハンドブローでハーフドライ状態まで乾かす。仕上がりをイメージしながら、フォワード方向にドライヤーを当てて手グシを入れ、大まかな毛流れの方向性をつけておく。

ロールブラシ巻きでつけた毛流れを逆毛でつなげる

1～4 ロールブラシによるブローで、しっかり熱を加えながら生え際からフォワード方向の毛流れをつけていく。フロント～サイドの生え際を根元まで内巻きにブローして巻いたようなカールをつけた後、徐々に上のパネルへ移行し、トップまで同様にブロー。

5～10 右トップを基点に、左フロントにかけて放射状の毛流れをつけ、アシンメトリーのフロントデザインにする。まずは根元にロールブラシをかませ（5）、ブラシを回転させながら毛先を斜めに方向づけ（6）、同じ方向へブラシを抜く（7）。8～9も同様。トップは根元に立ち上がりをつけるように巻き、5～9でつけた毛流れにつなげる（10）。

11～12 バックはネープからスタートしてトップ付近まで、徐々にステムを上げながら内巻きのカールをつける。

13～14 カール感を強調したい部分は再度ロールブラシで巻き、ロールブラシに熱をあて、一気にロールブラシをはずす。これを繰り返し、サイド～トップにホットカーラーで巻いたようなコロンとしたカールをつける。

15～16 ブロー巻きでつけたカールをなじませる。さらにスケルトンブラシでとかし、方向性をつけながら全体のカールを自然な毛流れにつなげる。

17～19 全体につなぎの逆毛を立て、毛流れを安定させる。フロント～トップは、立ち上がりをキープしつつ中間部をバックコーム。ネープ付近はボリュームが出ないよう、コームシェープ後に根元までバックコーム。

20～22 もみあげはバック側へ方向づけながら、根元をつぶすように逆毛を立てる。耳上に逆毛を入れ、タイトに耳にかけてテールでおさえつけ、表面の髪をフォワード方向にかぶせる。

23～24 ハードグロスをつけた仕上げブラシを縦に入れ、要所をへこませてフォルムを補整。スプレーで仮留めしながら表面に束感を出し、ハードスプレーで仕上げる。

Formal point:

フォワードの毛流れ＆アシンメトリーのフロントデザインは、ミセスの定番スタイル。ボリューム感のある、大きめのフォルムにつくることで格調を高めつつ、ネープや耳まわりはタイトにおさめ、こめかみにもへこみをつけてバランスのとれたフォルムに。

after

PART 2 *Review*

デザインパーツをおさらい①

トップの
ボリューム

Part2の5スタイルに共通していたデザイン要素は「トップのボリューム」。さまざまな巻きや逆毛のテクニックを用いてトップにボリュームを出すポイントを復習しましょう。

ロールブラシ巻き&逆毛① [→STYLE07]

ロールブラシで根元を立ち上げるように内巻きでブロー後、根元〜毛先に逆毛を立てる。仕上げにライジングコームで内側の髪を引き出してボリュームを強調。

ロールブラシ巻き&逆毛② [→STYLE11]

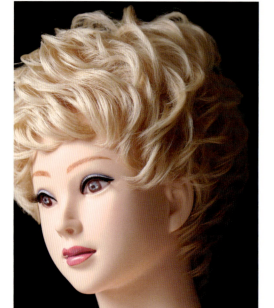

ロールブラシで根元を立ち上がらせた後、再度巻き込んで熱をあて、強いカールをつける。さらにつなぎの逆毛を立ててボリュームと毛流れをキープ。

カールアイロン巻き　[→STYLE09]

ボリューミーでランダムな動きをつける時は、26 ミリのカールアイロンで強めのフォワード巻きにして根元からカールをつけた後、19 ミリで中間〜毛先をランダムに巻き、細かいカールをつける。

スケルトン＆ロールブラシ巻き　[→STYLE08]

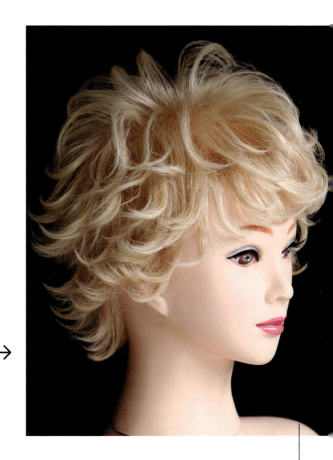

スケルトンブラシは、根元がつぶれないよう、逆サイド側へ起こすように毛束をかませ、頭皮に近い部分にドライヤーをあててブロー。ロールブラシは、風でばらけないよう表面に熱をあて、毛流れとツヤを出す。

ストレートアイロン巻き　[→STYLE10]

パネルを真上に引き出し、コームで裏側からフォローしながらストレートアイロンで内巻き。アイロンスルー後、なじませる場合はすぐにコームでとかす。形を固定する時は数秒冷ましてからコームでとかし、なじませる。

PART 2 *Review*
デザインパーツをおさらい②

フロントデザイン

おさらい②では、フロントデザインに着目。
ミドル〜ハイエイジから需要のある
5パターンのフロントデザインを、
ポイントテクニックとあわせて紹介します。

[→STYLE10]

フォワードカール（センター寄せ）

コームを裏側から入れてフォローしながらストレートアイロンで中間部をはさみ、手前側へ回転させながら移動させ、中間〜毛先にカールをつける。
※肌に直接髪がふれるところは、コームでガードする。

[→STYLE08]

立ち上げ（オールバック）

求める毛流れと逆方向に根元からスケルトンブラシを入れ、毛流れの方向にブラシを戻すようにしてブロー。リッジとなる部分ではブラシを止め、フロント側へプッシングさせて立ち上がりと曲線をつける。

[→STYLE11]

フォワードカール（放射状）

根元にロールブラシをかませ、毛先を斜めに方向づけてブラシを回転させながらブラシを抜く。これによりゆるやかにカールがつき、右トップ〜左フロントに放射状の毛流れをつける。

内巻き&毛先流し

[→STYLE07]

前髪の毛先を横に流したい時は、ロールブラシで内巻きにブロー後、毛先は軽く外巻きにしてブロー。その後、内巻きにとかす。サイドになじませる時は、流した毛先をサイドにつなげるように逆毛を入れ、方向性をキープする。

[→STYLE09]

フォワードカール（ランダム）

ボリュームをキープしながら毛先の動きをランダムにするには、26ミリのカールアイロンで根元からしっかり巻いて大きめのカールをつけた後、19ミリで中間〜毛先をランダムな方向に巻き、細かいカールをつける。

PART 3 ショートデザインバリエーションⅡ

PART3の4スタイルはいずれも、逆毛とテールワークの技術を駆使しています。毛流れの方向性や量感を逆毛で調整し、コームのテールでさまざまなバランスを整えて仕上げます。各スタイルの解説を参考に、コームのテールを上手にコントロールできるよう練習を重ねましょう。

STYLE
NO.
12
—
15

12 ショートデザインバリエーションⅡ
マッシュショート・アシンメトリーカール

衿足が短く、サイドも耳がぎりぎり隠れる程度のマッシュショートに対し、限られた長さと毛量を使ってアシンメトリーなカールと毛流れをつけたスタイル。逆毛で動きと量感をコントロールする技術に要注目です。

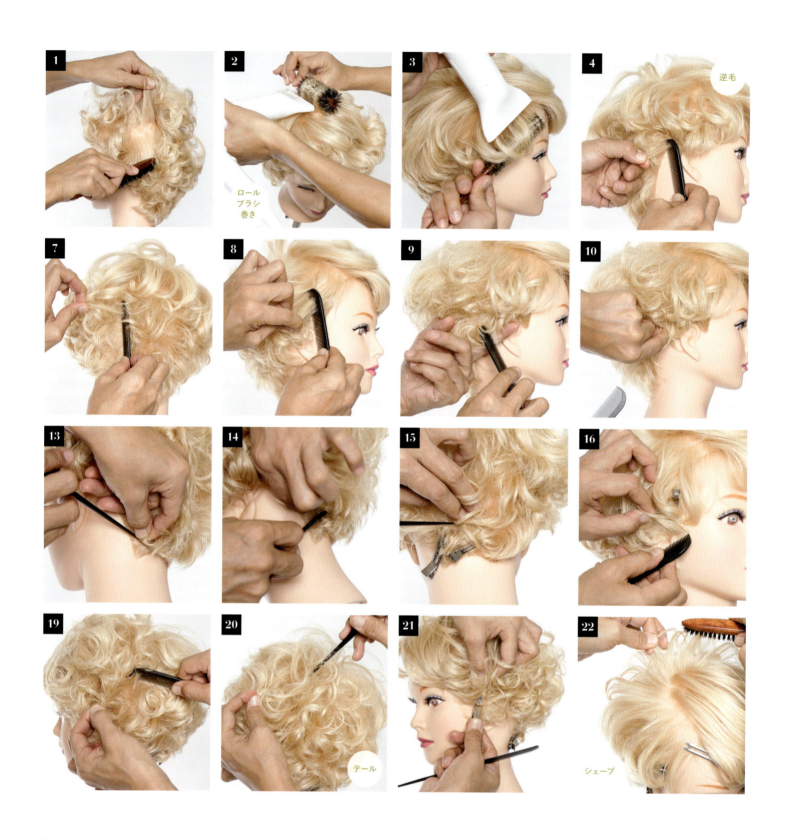

「巻き」のポイント

髪質調整後、ホットカーラー巻き。左サイドに強いカールとボリュームが出るようステムを上げて細めで巻き、右サイドは斜めスライスでゆるめに巻きおろす。はずした後は、グロスとファイバーワックスを混合したものを塗布し、方向性をつけやすくする。

逆毛とテールワークで毛流れと量感を調整

1～3 ファイバーワックスとハードグロスをなじませたブラシで全体をとかし、重めの質感に整える。トップは、太めのロールブラシで内巻きにブロー。生え際などのカール感のコントロールや、なじみを良くしたい部分は、細めのロールブラシで動きを整える。

左にウエイトのあるアシンメトリーのフォルムにするため、逆毛で毛流れとボリュームをコントロールしていく。

4～5 右もみあげ～右バックサイドに逆毛を立て、方向性をつける。
6～8 衿足にも逆毛を入れてフォルムを締める。バックには逆毛で左へ向かう毛流れの方向性をつけ、左側の量感が多くなるように調整。右サイドには、つなぎの逆毛を軽く立てる。

9～11 逆毛を立てた右もみあげ～右バックサイドの毛先をつまんで内巻きにねじり、入れ込んだ後、毛先を後方へタイトに引いて逆毛で留める。

12～15 衿足も 9～11 と同様、毛先をつまんでねじり、逆毛で留める。生え際はよりタイトになるようテールでおさえつけ、毛先に逆毛を立てる。スプレーで固定後、ダブルピンで仮留めし、隣のセクション以降も同様に。

16～17 右もみあげをシングルピンで仮留めした状態で、表面の毛先に逆毛でゆるやかなカールをつけてかぶせる。バックの毛束は仕上げブラシでシェープし、左方向の毛流れをつける。

18～21 バック～左サイドの動きと量感を、逆毛とテールワークで調整していく。
左サイドの根元に逆毛を立ててボリュームを強調し、左バックサイド～トップへと逆毛でつなげ、テールで毛流れのディテールを整える。ボリュームがある中にも陰影をつけるため、内側を数ヵ所ダッカールで仮留めしておさえ、へこみをつける。
22～24 仕上げブラシでトップとフロントの毛流れをバランスを見て整える。

Formal point:

ヘビーサイドにはしっかりとカールと量感を出してリッチな印象を醸しつつ、もみあげやネープはタイトに締めてメリハリをつけているのがポイント。さらに、ボリュームのあるフォルムの内側にへこみをつくって陰影をつけ、上品に仕上げます。

after

13 ショートデザインバリエーションⅡ
全体ボリュームミックスカール

ホットカーラーで内巻きのベースをつくり、逆毛でボリュームのあるフォルムと束感のあるカールを織り交ぜたスタイル。ランダムな方向性をつけながらカールをつくる逆毛のテクニックは、多くのデザインに活用できます。

before

「巻き」のポイント

髪質調整後のホットカーラー巻きでは大まかな方向性を意識し、トップ〜フロントは斜めの毛流れがつくように巻き、ほかは内巻き。この後、ボリュームを逆毛で出していくので、ダウンステムで巻く。はずした後はグロスをつけてブローし、根元のクレバスをとる。

左手で毛先の方向をつけ逆毛で方向性を固定

1〜3 全頭にグロスとファイバーワックスを塗布後、ブラッシングでよくなじませて逆毛が立ちやすい髪質に整える。さらに手グシを通して大まかな方向性をつける。

4〜8 生え際から、逆毛で方向性とボリュームを構築していく。顔まわりには回るような動きをつけ、ネープは外ハネに形づける。その後、上側へカールを重ね、逆サイド、フロントへ移行。毛先はさまざまな方向に向ける。
ここでのポイントは、左手で毛先の方向性を調整しながら、上からコームを入れて逆毛でその方向性を固定すること。

9〜12 トップはステムを上げて立ち上がりをつけながら逆毛を入れ、中間〜毛先にカールをつける。
全体に逆毛が立ったら、さらに毛束同士をつなげるように逆毛を入れて毛束のディテールを整える。

13〜16 ハードグロスを仕上げブラシにつけ、顔まわりの毛束をとかして束感と方向性をつける。斜めに方向づけたフロントの毛流れをフロントコーナーで回るように逆側へ戻して、毛流れに変化をつける。

17 ハチ付近に仕上げブラシのテールを入れてへこみをつけ、左指でおさえて毛束をずらしフォルムを固定。

18〜20 表面の毛流れを整え、束感をつけるため、つまみながら仕上げブラシでシェープ。ムービングスプレーで束感を出しながら、サイドも同様にシェープする。

21〜24 仕上げのテールワークでは、毛束の位置や量感を移動させてバランスを調整。要所の内側に指先を入れ込んでへこみをつけることで束感を強調し、テールで要所をおさえてフォルムを最終調整する。

Formal point:

全体に動きとボリュームのあるゴージャスなカールは、パーティドレスなどの装いを華やかに引き立てます。毛流れに変化をつけたり、ハチまわりやバックサイドにはへこみをつけて骨格を補正するなどの工夫で、大きめのフォルムでもバランスのとれた仕上がりに。

after

14 ショートデザインバリエーションⅡ
フロント立ち上げボリュームカール

フロントを立ち上げ、逆毛でボリュームを出して表面にカールをあしらったスタイル。仕上がりのフォルムをイメージしながら逆毛の量感を調整し、カールをつけるのと同時にフォルムを構築していきます。

before
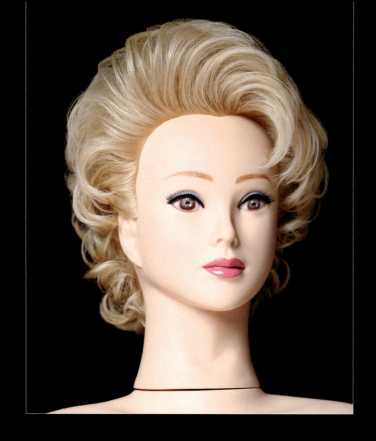

「巻き」のポイント

髪質調整後のホットカーラー巻きでは、後の工程でボリュームを出しやすくするため、細めのカーラーをセレクト。立ち上がりをつけるフロント以外はダウンステムで巻く。細めのカーラーを用いることにより、ダウンステムでも毛先にしっかりカールを出せる。

逆毛とテールワークで量感をコントロール

1〜2 グロスとファイバーワックスを全体に塗布してブラッシング。根元のクレバスをとり、逆毛が立ちやすい状態に整える。その後、髪質をなじませて、フロント〜サイドの生え際に立ち上がりと方向性をつけるためにブロー。もみあげは真上に引き上げた後、後方へタイトにとかしつける。

3〜9 フロントから逆毛で立ち上がりとボリュームを構築していく。ここでのポイントは、仕上がりのフォルムをイメージし、各セクションで必要な量感に合わせて地肌〜根元逆毛を立てていくこと。

10 アウトラインの毛束は少量ずつとり、根元側へ押し込むように逆毛を入れる。これによりフォルムを整えるのと同時に、毛先の毛量が根元側へ移行することで毛束の動きや方向をコントロールしやすくする。

11 バックに毛量を溜めるイメージで、コームのテールを用いて根元に立てた逆毛をバック側へ移動させる。

12〜15 全頭をクッションブラシでシェープ。フロントに立ち上がりと毛流れをつける。その後、生え際をダブルピンで仮留めし、中間〜毛先の毛流れを整える。

16〜17 テールワークでは、表面の毛を引き出して毛先にカールをつけたり、内側にテールを入れて根元の逆毛を動かすことで量感を調整したりしている。

18〜20 仕上げブラシで再度もみあげをタイトにシェープして整え、ダブルピンで仮留め後、右サイドの毛流れをつける。生え際〜中間は直線的な毛流れにしてバックサイド〜バックのカールにきれいにつなげる。毛流れとボリュームをつけたら、輪グシで仮留めする。

21〜22 左サイドも生え際はタイトにシェープした後、毛先にカールをつけて表面にかぶせる。

23〜24 バックサイド〜バックのフォルムを輪グシで仮留めし、ハードスプレーでキープ。輪グシをはずし、コームのテールで毛先のディテールやフォルムのメリハリを整えて仕上げる。

Formal point:

ボリュームはありながらも、表面はフラットなカールでフォルムを形成することにより、落ち着きのある品格を表現。バックのウエイト感、フロントの立ち上がり部分からきれいにつながった毛流れなども、デザインのクオリティを高めるポイントです。

after

15 ショートデザインバリエーション Ⅱ
内巻きウエーブ ラウンドフォルム

丸みのあるフォルムが特徴の、内巻きウエーブスタイル。つながりのあるウエーブでフォルムを安定させ、フロントの立ち上がりは逆毛でキープ。持ちの良いセット提案に欠かせないテクニックが詰まったデザインです。

「巻き」のポイント

髪質調整後、ロールブラシで内巻きにブローし、仕上がりに近いフォルムに整えてからホットカーラー巻き。ブローでベースができているので、ざっくりと短時間で巻いて中間〜毛先に内巻きのカールをつけ、巻き上がり後はすぐにはずす。

つなぎの逆毛と根元逆毛で毛流れと立ち上がりをキープ

1～2 全体にグロスとファイバーワックスを塗布してブラッシング後、再度ロールブラシでブローし、ホットカーラー巻きでついたクレバスや巻きグセをとる。その後、全体をしっかりブラッシングしてなじませる。

3～9 バックからバックコームでつなぎの逆毛を立て、毛束のつながりや毛流れ、ボリュームをつけていく。
手グシを通すようにつまんでパネルを引き出し、表面側をバックコーム。引き出したパネルに対し、前後左右のつながりをつける。ネープ、バック、バックトップ、クラウンの順に、毛先をバックセンターに集めるイメージで毛流れをつける。逆サイドも同様に。

10～11 フロントサイド～トップに根元逆毛を立て、立ち上がりとボリュームをつける。

12～15 サイドにも同様につなぎの逆毛を立て、フロントへつながる部分にも表面から逆毛を立てる。

15 フロントの最も立ち上がりがほしい部分の分け目付近は、毛束を少量ずつ真上につまんで引き出し、根元～地肌近くまで細かく逆毛を立てる。この逆毛により、立ち上がりをキープできる。

16～18 ラクッションブラシで表面の大まかな毛流れを整えた後、フロントから、からまり加減を整えながらヘビーサイドの毛流れをつける。輪グシでフロントの毛流れとボリュームをキープし、コームのテールで細かい動きや量感を調整する。

19～20 ライトサイド側も、顔まわりの逆毛を調整しつつ、ボリュームと毛流れをつけ、輪グシで仮留め後、ハードスプレーで固定。

21～24 サイドからバックも同様にコームのテールでへこみをつけて束感を強調し、フロント～トップにはところどころすき間をつくってエアリーな質感に仕上げる。

Formal point:

大きくうねる毛流れ、ボリューム感のあるラウンドフォルム、フロントの立ち上がりなどで気品を漂わせつつ、要所にすき間や束感をつくることでエアリー感を演出。重さの中に軽やかさをのぞかせ、質感のメリハリが効いた仕上がりに。

after

PART 3 Review
デザインパーツをおさらい①

フロントを立ち上げる

フロントを立ち上げたデザインは、ミセスのセットでは定番的。
幅広い提案ができるようにここは必ずできるようにしておきましょう。
2スタイルを例に、立ち上げ方をふり返ります。

逆毛&仮留めシェープ　　[→STYLE14]

薄めにとったフロントのパネルに、しっかりとテンションをかけて地肌逆毛と根元逆毛を入れ、立ち上がりとボリュームをつける。その後、生え際をシェープしてダブルピンで仮留め。

ロールブラシ巻き&逆毛　　[→STYLE15]

ロールブラシでブローして根元を立ち上がらせた後、根元逆毛でボリュームを出し、さらに最も立ち上がりが必要で、生え際の分かれる部分は細かく束状にセクションをとり、根元〜地肌近くまで細かい逆毛を立てる。

PART 3 *Review*
デザインパーツをおさらい②

毛流れを つける

重力に逆らい毛流れを安定させるには、
方向性をつけるつなぎの逆毛が活躍します。
ここではPART3の2スタイルで、バックとフロントの
毛流れの出し方を復習しましょう。

バックの毛流れ（左方向） ［→STYLE12］

左へ向かう毛流れの方向性を、バックコームで逆毛を立てながら整え、仕上げブラシで左方向へシェープ。
左バックサイドにはボリュームを出す逆毛を立て、トップへ毛流れをつなげる。

フロントの毛流れの変化（斜め方向） ［→STYLE13］

毛流れを変化させる場合、根元に逆毛を入れ、フロントコーナーで毛先側を毛流れと逆方向にシェープする。

PART

4

編み込みやカールをあしらった4つのセットデザインは、サロンでの需要が多く、幅広いフォーマルシーンに対応可能。短いレングスの編み込みをくずしたスタイルを上品に仕上げるコツや、ツヤ感のあるカールの出し方など、汎用性の高い技術をここで習得しましょう。

編み込み&
カールデザイン
バリエーション

STYLE NO.
16
—
19

16 編み込み&カールデザインバリエーション
ロープ&三つ編み込みくずし

三つ編み込みとロープ編み込みを組み合わせ、くずしを加えたデザイン。ミディアムレングスのアンダーをねじって土台をつくり、編み込んだ毛束を留めるテクニックは汎用性が高いので、覚えておくと便利です。

PART 4

「巻き」のポイント

編み込んだ毛束を引き出した時に表面に出る髪や、ネープの毛先にしっかりカールが出るよう、細めのカーラーで巻く。はずした後はグロスとファイバーワックスをよくなじませてツヤ感を出し、ブローでクレバスをとりながらトップに立ち上がりをつける。

編み込みの表面カールと逆毛のカールをミックス

1 前髪の毛先を横に曲げる時は、毛先にカーブをつけるため、一度毛先を外巻きにしてから内巻きにとかし直す。
2 フェイスラインに残した髪は、中間〜毛先にかけてやや曲線を描くようにストレートアイロンで形づける。

3〜5 グロスをつけて保湿後、耳後ろとバックポイントを通るラインで前後に分ける（3）。さらにバックのアンダーはネープを少し残してざっくり左右に分け、まずは左側の根元を外巻きにねじり、中間を外留め（4）。右側も同様に（5）。
6 右ネープサイドも4〜5と同様に、2つに分けて右下へねじってピニング。4〜6のいずれも、毛先は下側に残しておく。

7〜10 左オーバーの毛束を表三つ編み込み。トップからバック側へ編み進め、表面を引き出してくずす。毛先は、アンダーでねじった毛束を土台に、毛先を残してピニング。
11〜13 左サイドの毛束を、バックへ向かって両側右ロープ編み込み。毛先は、アンダーでねじり込んだ部分にピニング。その後、バックトップの表面から丁寧に毛束を引き出し、カールをつける。
14〜15 右オーバーも、7〜10と同様に表三つ編み込み。
16 右サイドの毛束も、11〜13と同様にロープ編み込み。左回転のロープ編み込みにすることで、サイドに上向きの曲線をつける。バックサイドの表面をつまんで引き出し、立体感をつける。

17〜19 アンダーに残した毛先に逆毛を立てる。ここでの逆毛の目的は、根元側へ毛量を移行させて毛先側のカールを軽やかにすることと、髪をからませてつながりをつけること。
20 逆毛でからませた毛束をネープでおさえ込むようにしてネジピンで留め、フォルムを整える。

21〜22 テールと指先を使って毛量を調整し、ボトムの毛束を軽く引き出してフォルムのバランスを整える。
23 グロスをつけた仕上げブラシで表面をシェープしてツヤ感を出し、またテール（柄）を入れ、編み込みの表面カールや逆毛でつけたカールとのつながり加減を調整。
24 コームのテールで正面から見た時の束感を調整し、ハードスプレーで全体を固定。

Formal point:

編み込んだ毛束の表面につけたカールは、バランス良く丁寧に引き出すことで上品な華やかさを演出。顔まわりにはストレート感を残し、可愛らしいニュアンスを添えます。ボトムにあしらったカールは、毛先の毛量を減らして軽やかに仕上げています。

after

17 編み込み＆カールデザインバリエーション
ロープ編み込みサイドカール

ロープ編み込みをベースに、左サイドにボリュームのあるカールをあしらったデザイン。編み込んだ毛束を引き出してつくるブレイドカールと、毛先のループカールを、上手に組み合わせるテクニックを習得しましょう。

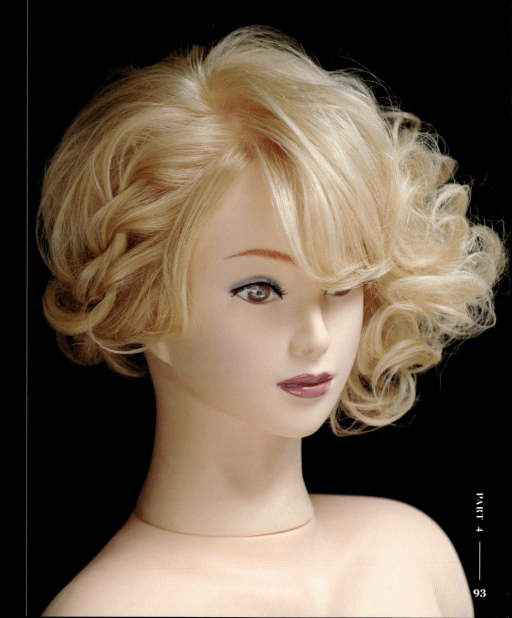

「巻き」のポイント

ブロードライで仕上がりに合わせて毛流れをつけた後、前髪とフロントサイド以外をホットカーラーで巻く。仕上がりの方向性を意識しながら、トップの立ち上げる部分は太めのカーラーを使い、全体にヘビーサイドには強め、ライトサイドにはゆるめのカールをつける。

編み込んだ毛束をねじって留め
やわらかいカールで動きを

1 前髪とフェイスラインの毛束をカールアイロンで内巻き。毛先は横に流す。

2 ホットカーラーでついたクレバスをとるため、グロスとファイバーワックスをつけてブローし、ブラッシングで仕上がりと同じ毛流れをつける。

3〜8 フェイスラインの毛束を少量残し、右サイドから両側左ロープ編み込みを始める。両側の毛束をすくいとりながら、耳下〜右バックへと、ヘムライン沿いに編み進める。

9〜11 左バック〜左耳後ろまで編み進めたら、左サイドへ向かって毛束をひねり上げる。この時、まず右手でひねり（10）、さらに左手に持ち替えてしっかりとねじり込む（11）。

12〜14（※）ねじった毛束をネジピンでおさえ込んで留める。まず、ねじり目の端にネジピンを2本重ねて上向きに入れ（12）、ひねりを加えてネジピンの上下をひっくり返し（13）、12、13と同じネジピンを高めの位置からさし込み根元で回転（14）。留めた後は、そのネジピンをさらにアメピンでクロス留めするとしっかり固定できる。※ここでのピンの留め方は、復習のページで詳述（→106ページ）。

15〜16 編み込んだ毛束の表面を引き出して束感をつける。バック表面の毛束も細くつまんで引き出し、ルーズな束感を出す。

17 フロントサイドにかけて、きれいにつながるようにつなぎの逆毛を立てる。

18 トップ〜フロントの表面の毛束をシングルピンで仮留めして表面に束感をつけ、サイドを仮留め。

19〜22 サイドに集めた毛束に、ライジングコームやテールで少しずつカールをつけていく。（19）毛束をフォワードにひねって形づけたカールに対し、（20）指で引っ張ってずらし、立体感を出す。（21）量感を調整しながらカールの方向性や模様感を表現。（22）表面を引き出してつくったブレイドカール〜毛先のループカールへと、束感から徐々にカールの印象へと移りゆくデザインになるよう、ディテールを整えていく。

23〜24 要所をピンで留めたり逆毛を立てたりして量感と動きを調整し、ハードスプレーで仕上げる。

Formal point:

ふんわりしたカールの動きがフェミニンな印象ながら、顔まわりにやや長めのおくれ毛を残してしなやかな動きをつけることで、上品なセクシーさを演出。表情の異なるカールをバランス良く配し、表面の束感につなげることで、クオリティの高い編み込みデザインに。

after

18 編み込み&カールデザインバリエーション
ギブソンタック ワンロール風

需要の多いギブソンタックをベースに、ワンロールをくずしたようなデザイン。ワンロール風のフォルムにするには届かないレングスに対し、逆毛を立ててしっかりピンを留めるテクニックを習得しましょう。

before

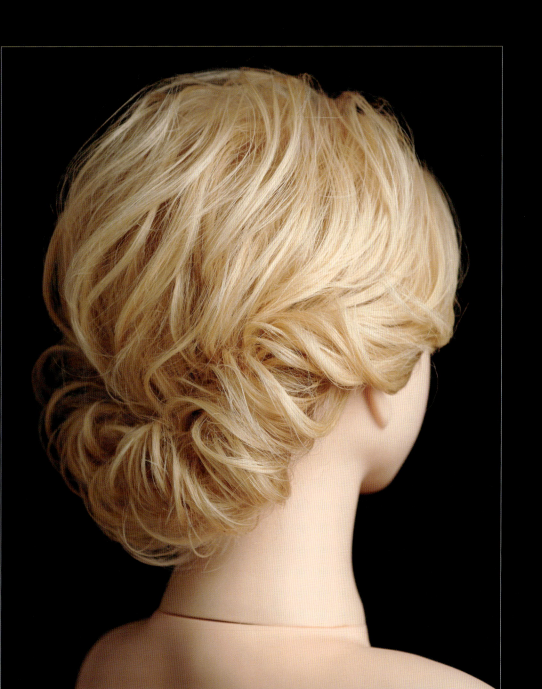

「巻き」のポイント

髪質調整後のホットカーラー巻きでは、仕上がりのフォルムと毛流れを意識。ネープとサイドは外巻きにし、トップはアップステムでバックに向かって巻く。はずした後は、グロスとファイバーワックスを塗布してブロー。

外巻きにねじってロール風
逆毛で留めやすい土台を

1・2 全頭をブラッシングして毛流れをよくなじませた後、地肌逆毛、根元逆毛、中間逆毛を立て、ボリュームを出しながら髪全体につながりをつけていく。トップのフロント側からスタート（1）し、クラウン（2）まで進める。

3・4 耳後ろや衿足には、地肌逆毛と根元逆毛を特にしっかり立てる。これにより、根元側へボリュームを移行させ毛先の毛量を減らし、ピンを留めやすくする。

5 逆毛を立てたトップの毛束をバック側へ戻し、コームのテールで量感を整える。この時、サイドの根元に毛量が溜まりすぎて広がるのを防ぐため、サイドは比較的タイトに引き込み、トップのボリュームをキープしつつバックに毛束を集めるイメージで行なう。

6 サイドの根元に逆毛を立て、サイドからバックサイド、ネープにかけて、後方への毛流れをつなげる。

7・8 フロント〜バックトップの表面を、仕上げブラシでシェープ。フェイスラインには耳元まで下降する曲線を描き、根元には立ち上がりをつける。ダッカールとダブルピンで仮留め後、トップ〜バックトップに立ち上がりとS字状の毛流れをつける。

9・10 サイドの毛束をバック側へ引き込むように、ライジングコームでシェープ。耳後ろまでの毛流れと毛量を整える。逆サイドも同様。トップは表面を引き出し、ボリュームを強調。

11〜14 耳後ろからは、ライジングコームや仕上げブラシで毛束を外巻きにし、ねじり目をつける。途中数ヵ所をネジピンで仮留めし、耳後ろ〜バックにねじり目をつける。

15 耳後ろには、バック側からアメピンを入れ、ねじった部分とバック表面の毛束を挟むように留める。

16・17 左バックの生え際の髪を表面へ返すようにライジングコームを回転させ、ねじった毛束をロール状に形づける。そのライジングコームをロールにさして仮留め後、ねじり目が強い部分をアメピンで固定。

18〜21 右バックサイドも 15〜17 と同様に、耳後ろをアメピンで留めた後、ライジングコームを回転させてロール状に形づける。

22〜24 バックセンターでは、両サイドから集めた毛束をアメピンでしっかり固定。ロールに届かない衿足の毛束には、根元〜中間に逆毛を立てて毛流れを固定。毛先はロールの内側に入れ込む。

Formal point:

逆毛をしっかり立ててからロール状に形づけたフォルムで、リッチなボリュームとやわらかさを演出。ハチまわりはタイトに締めて骨格を補整し、顔まわりには耳元で下降させてから後方に引き込まれる曲線をつけて、自然にバックのロールにつなげているのもポイントです。

after

19 編み込み＆カールデザインバリエーション
リバース バックウエーブカール

リバース方向の毛流れとウエーブカールをつけたデザイン。仕上がりとは逆の、フォワード方向にカールをつけてからリバースにシェープすることで、力強い動きと束感を表現していくテクニックが見どころです。

before

逆毛

「巻き」のポイント

髪質調整後のホットカーラー巻きでは、細いカーラーでフォワードに巻き、仕上がりとは逆方向のカールをつけておくのがポイント。はずした後はブローで生え際のクレバスをとり、ハードタイプのグロスとファイバーワックスを塗布して重めの質感に整える。

逆毛でフォルムを安定させ へこみをつけて動きを強調

1~6 仕込みで重めの質感にした髪をブラッシング。バックへ毛束を集めるように、リバースにとかしつける。その後、ハードタイプのグロスをつけたブラシで、サイドの生え際をシェープ。もみあげ付近は真上にシェープしてタイトに締めた後、ダブルピンで仮留め。両サイドとも同様に。

7~9 後ろからバックに集めた髪全体に逆毛を立てる。根元逆毛、中間逆毛でボリュームを出していき、フォルムの土台となるバックセンター付近は地肌逆毛もしっかり立てて量感とフォルムをキープ。

10~12 サイド~バックサイドに表面からつなぎの逆毛を立て、毛流れの方向性をつける。テールで毛量を整えながら、バックへウエーブカールの毛流れをつなげる。

13 バックサイド~ネープの生え際は根元側へ押し込むように逆毛を入れ、タイトに引き上げてダッカールで仮留め。

14・15 サイドの生え際から斜めに上昇する毛流れを強調するため、仕上げブラシでシェープして束感を出し、中間にはテールでへこみをつけて動きを引き立てる。

16 バックセンターに毛束を寄せて量感をコントロールしながら、仕上げブラシのテールで大きなへこみをつけて動きを強調。

17・18 バックセンターの量感を固定するため、ネジピンを2本重ねて入れ、左右の毛束を拾いながらジグザグと縫うように留める。

19・20 バックサイドやバックトップの毛先もバックの中央に集め、17・18と同様にネジピンで縫い留め。

21 ムービングスプレーをふきつけながら、中間~毛先のうねりと束感を調整する。

22・23 フロントの表面をシェープし、立ち上がり部分と毛先の動きを調整。さらにテールを入れてへこみをつけ、その動きを強調する。

24 仮留めしていたダッカールやダブルピンをはずし、ハードスプレーで固定して仕上げる。

Formal point:

ダイナミックな毛流れやタイトに引き上げた生え際のラインなど、アバンギャルドな雰囲気にもなりうるデザイン要素を含みながらも、中間~毛先のうねりやつながりのあるカールで品良く仕上げているのがポイント。そのカギとなるのが、逆毛とピニングの技術です。

after

PART 4 *Review*
デザインパーツをおさらい ①

毛束をねじる

ミディアムレングスのセットでは、毛束をねじって土台をつくったり、根元や中間部で形づけたりする技術がより重要になります。3スタイルのねじりテクニックを復習します。

ねじって土台をつくる　[→STYLE16]

左バック / 右バック

ネープを小さく残し、バックサイドのアンダーを縦スライスで4つに分け、左側の2つは左下ねじり、右側の2つは右下ねじりに。それぞれ毛先を下側へ残してピニング。

ねじった毛束が土台となり、編み込んだ毛束をねじった部分に留めることでしっかり固定できる（ピンの留め方は106ページへ）。

ねじった後は、左手で毛束をしっかりおさえた状態で、ネジピンをさして固定する（ピンの留め方は106ページへ）。

ロープ編みの毛束をねじる　[→STYLE17]

ネジピンで回転させる ← 左手に持ちかえる ← 右手でひねる ← 毛束をおさえる

左バックまでヘムライン沿いにロープ編み込みにした毛束を、左サイドに向かってひねり上げる。まずは右手でひねり、左手に持ち替えてタイトにねじり上げる。

ねじってワンロール風に [→STYLE18]

毛流れをつける / シェープする / ネジピンで仮留め / テールで入れ込む

まずはライジングコームでバック側へ引き込むようにしてサイド〜バックの毛流れを安定させておく。その後、仕上げブラシの端を使ってひねるようにシェープし、ねじり目をつける。ネジピンで仮留めしながらこれを繰り返し、ブラシのテールでへこみをつけて内側へ入れ込み、ワンロール風フォルムのベースをつくる。

だいたいの毛流の動きができたら、生え際の髪を表面へ返すようにライジングコームを回転させ、ロール状に整える。

PART 4 Review
デザインパーツをおさらい ②

毛束にうねりをつける

スタイル19で出てきた、毛束に安定したうねりをつけるテクニックは、覚えておくと便利です。ここで再度、おさらいしましょう。

[→STYLE19]

うねりを強調する / うねりをつける / つなぎの逆毛を立てる

全体にフォワードに巻いた髪をしっかりとかし、手グシでほぐした後、サイド〜バックサイドの中間に逆毛を立て、毛束同士をつなげると同時に、バックへ向かうよう毛流れに方向性をつける。
コームのテールで、中間〜毛先に向けてうねるような毛流れに整えたら、仕上げブラシのテールを内側へ入れてへこみをつけ、動きを強調する。

PART 4 Review
デザインパーツをおさらい③

毛束を留める

レングスが長くなるほど、フォルムを安定させるには
的確なピニングの技術が問われます。4スタイルで出てきた、
毛束をピンで留めるテクニックをふり返りましょう。

編み込んだ毛束を留める　［→STYLE16］

ロープ編み込みの毛束を留める

三つ編み込みの毛束を留める

アンダーの毛束をねじってつくった土台に、編み込んだ毛束を留めていく。ネジピンを2本重ね、ねじり込んだ部分にさし込んでしっかり固定。毛先は残しておく。

ピニング後、残った毛先につなぎの逆毛を立てる。これにより毛束がほぐれずにキープできる。

ねじった毛束を留める　［→STYLE17］

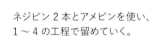

ネジピン2本とアメピンを使い、1〜4の工程で留めていく。

4 留めたネジピンをさらにアメピンでクロス留めにし、しっかり固定する。

3 さらにピンを回転させながら、ピン先をねじり目にあててそのまま奥までさし込む。

2 ネジピンの頭を持ち、さらにねじり返すようにして毛束をひねる。これでネジピンの上下がひっくり返った形になる。

1 ネジピンを2本重ねて持ち、ねじり目の端に下から入れ込み、高めの位置に先をあてて1回転させる。

[→STYLE18]

ロール状のフォルムを安定させる

ワンロール風のフォルムを固定するためのピニングでは、要所をアメピンで留めていく。おさえるべきポイントは次の3つ。

ロールとバック表面を固定

バック側からアメピンを入れ、ロール状にねじった部分とバック表面の毛束を挟むように留める。

ロールをつくりながらピニングする

センターの合わせ部分を固定

ロールの内側にライジングコームをさして仮留め後、ねじり目が強くついた中心部分をアメピンで固定。ロールを安定させると同時に、フォルムバランスを整える。

両サイドからバックへ向けてワンロール風に形づけた後は、センターの合わせ部分をアメピンでしっかり固定する。

[→STYLE19]

フォルムと量感を固定する

逆毛でつくったバックの量感とフォルムを固定するために、2本重ねたネジピンを、縫うような動きで留める、その一連の流れは次の通り。

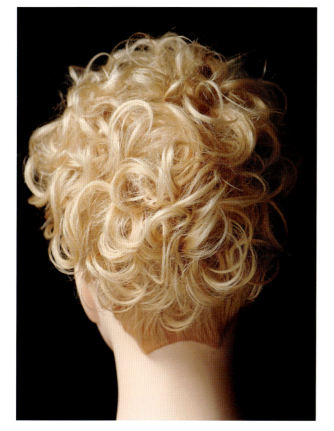

左へ　　　右へ

ネジピンを奥まで入れ込んだら、ピン先で左右の毛束を拾いながらジグザグ状にピンを動かし、最後は回転させてからさし込んで留める。

バックのフォルムを左手でおさえ、ネジピン2本を重ねて上から入れる。

PART 5

ショート〜ミディアムのアップデザインバリエーション

ショート〜ミディアムのbeforeから、本格的なアップに仕上げた6スタイルのバリエーション。短い衿足やレイヤーの入った髪に対し、さまざまな方法で夜会や面構成のスタイルに導いています。最高度なテクニックとバランスとセンスを習得できれば、幅広いデザインでお客さまに喜んでいただけるでしょう。

STYLE NO.
20
—
25

20 アップデザインバリエーション
トップボリューム ひねり留め

トップにボリュームを出し、表面にふんわりとした毛流れと動きをつけた、お客さまに提案しやすいアップデザイン。長さのあるヘムラインの髪をタイトに留める方法、そして表面にかぶせる毛量の設定に要注目です。

before

「巻き」のポイント

ホットカーラー巻きでは、仕上がりを意識してオーバーに大きな、アンダーには小さなカールをつける。その後ブラッシングとブローでクレバスをとり、全体のカールにツヤ感を出す。さらにハードタイプのグロスとファイバーワックスで重めの質感に整える。

ヘムライン沿いはねじって留め 表面には束感と動きを

1〜2 フロント表面に毛流れの方向性を固定させるため、地肌逆毛、さらに中間にはつなぎの逆毛を立てる。

3〜4 トップ〜バック〜サイドにかけて、厚さ2センチのパネルをとりながら根元逆毛と中間逆毛を立て、ボリュームと方向性をつけていく。

5 ネープ付近は、毛束を留める土台となるため、地肌逆毛をしっかり立てる。

6 全体に逆毛を立てたら、逆毛の量感をキープしながらコームのテールで表面をとかしつけ、求める仕上がりの方向性をつくる。

7〜8 左耳上の毛束をつまんでタイトに後方へひねる。この時、表面にかぶせる髪で耳が半分隠れる程度になるよう、耳上の毛量を見きわめて分けとることがポイント。

9〜11 8でひねった毛束を、アメピンで外留め。続けて、ヘムライン沿いにサイドバック〜ネープまで毛束をタイトにねじり込んでいく。分けとる毛束の量は、耳上で設定した毛量と同程度に。

12〜13 ネープセンターまでねじり込んだら、アメピンで留める。

14〜15 右サイドも7〜12と同様にしてネープセンターまでねじり込み、左側の毛束の上にクロスで重ねてピニング。

16 残しておいたバックアンダーの毛束をシェープし、衿足にかぶせる。ネープ付近には細かいカールをつける。

17〜18 続けて、ミドル〜オーバーの毛束をシェープし、中間〜毛先の逆毛をとかしつつも量感は保ちながらふんわりとかぶせる。バックサイド〜サイドも同様に施術。

19 束感を出しながら表面をシェープしていく。中間〜毛先をつまみながらとかし、しっかりと束感を出す。

20〜21 フロントは根元をつまんで高さを出し、表面の毛流れを整える。耳まわりには下がりながらの曲線の毛流れがつくよう、ディテールを調整。

22〜23 バックの仕上げではフロント〜トップからの毛流れとのつながりや束感を意識し、要所にへこみをつけて動きを強調する。

24 ネープ付近にあしらった細かいカールを整えるのと同時に、センターでねじって留めたピンが見えないよう、毛先の位置を調整。

Formal point:

トップのボリュームで華やかさと品格を漂わせつつ、表面に大きな毛流れと束感のある動きをつけることで、キュートな雰囲気も演出。ほどよいフォーマル感のあるデザインは汎用性が高く、さまざまな装い、幅広いシチュエーションに対応可能です。

after

21 アップデザインバリエーション
フェミニンアップ ひねり一束

クラウンにボリュームを出し、衿足はタイトに引き詰めた、和洋問わず幅広い年齢層に提案できるアップ。顔まわりにはゆるやかな曲線の毛流れを、バックサイドには大きなうねりをつけ、フェミニンな印象に仕上げます。

※撮影の都合上、14〜20の写真はウイッグの頭が下を向いていますが、実際にはすべて頭を上げた状態で創作します（下に向いた状態での施術は、頭を戻した時にネープがたるむのでNG）。

「巻き」のポイント

あらかじめブローした後のホットカーラー巻きでは、厚めのスライスで中間〜毛先に大きめのカールをつける。その後、ナチュラルグロスとドライファイバーを塗布してフォローブロー。クレバスをとりつつ重めの質感に整え、耳後ろ〜衿足はタイトにとかし、全体に大まかな毛流れの方向性をつける。

逆毛でフォルムをつくり 両手を使ってひねり一束

1～2 全体に逆毛を立て、フォルムと毛流れの方向性をつくっていく。パート付近のトップ～クラウンにはボリュームを出すため、地肌逆毛と根元逆毛、さらに中間までつなぎの逆毛を立てる。

3～5 サイド～バックに根元逆毛と中間逆毛を立て、量感を出してリバースに方向性づける。逆サイドも同様に。

6 さらにサイドはタイトに後方に引いて地肌逆毛も立て、後方への毛流れをつけやすくする。

7 バックのアンダーにも地肌逆毛を立てる。地肌側へ毛量を移行し、この後衿足をひねり上げて留める際の土台とする。

8 全体に逆毛を立てた後、コームのテールで毛先をバック側へ集め、求める仕上がりの方向にとかしつける。

9 フロント～トップにも逆毛を立て、細かく方向性をつける。

10 仕上げブラシで表面をシェープし、束感を出しながら毛流れを整える。まずはサイド～耳後ろにかけて下降させ、バックにつながる曲線の毛流れを大まかに整える。

11～12 ネープサイドの毛束を両側からそれぞれタイトにシェープし、サイド～耳後ろの毛流れときれいにつなげる。この後、バックサイドをダッカールで仮留めして広がらないようにしておく。

13～14 ハードタイプのグロスをなじませた仕上げブラシで、衿足の毛束に塗布しながらタイトにシェープ後、左手の親指と人差し指、中指の3指で、衿足の毛束をつまむように持つ。ここからがひねり一束の手順。

15 左手の3本指でネープをつまむように持ち、左側にコームのテールをあてる。

16 テールを軸に、手首を回転させる(体も同時に左側へ移動)。

17～18 テールを抜いて毛束をさらに回転させ、衿足をタイトにねじり込む。その後、ねじり込んだ部分を、アメピンで留める。

19 さらにネジピンを2本使い、ねじり束をしっかり固定。

※衿足の留め方は、136ページにも掲載

20 コームのテールを用いて、バックに集めた毛先を衿足にかぶせ、さらにテールで毛先を動かしてバックにうねるような毛流れをつける。逆毛で毛先側の毛量が少なくなっているので、テールで毛束を動かすだけで、表面にくっつくようになじむ。

21～22 仕上げブラシで表面をシェープして毛流れを整え、トップ～サイドには束感をつける。

23～24 ライジングコームでフォルムを調整したり、コームのテールで量感や凹凸を整え、ハードスプレーで仕上げる。

Formal point:

和装、洋装いずれにも対応可能で、あらゆるフォーマルシーンに提案できるスタイル。衿足をすっきり上げ、バックには大胆な毛流れをつけつつも、顔まわりには強いカールをあしらわずに自然な曲線をつけることで、ナチュラルな優しさが漂います。

after

22 アップデザインバリエーション
クラウンボリューム夜会巻き

クラウンにボリュームを出した夜会巻きデザインを、ミディアムレングスでつくります。全体にレイヤーが入ったbeforeに対し、逆毛で量感のあるフォルムをつくる方法と、衿足をきれいに巻き込む技術を習得しましょう。

before

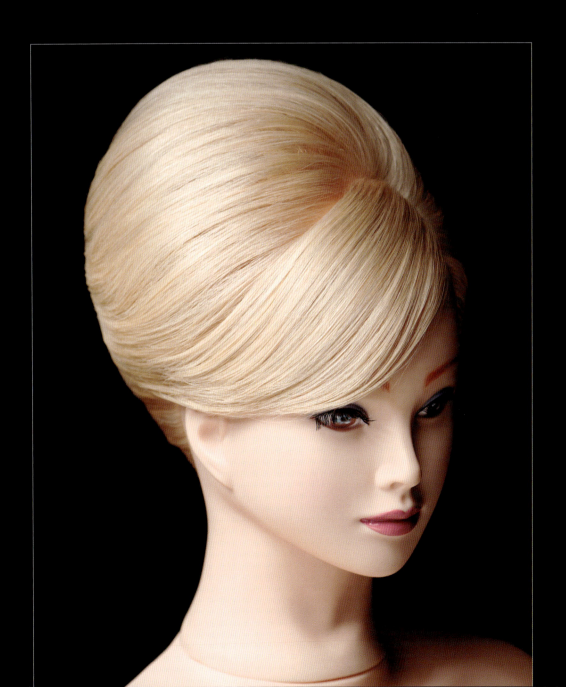

「仕込み」のポイント

面をつくるサイド〜バックにブローで方向性をつくった後、ホットカーラー巻き。バックは巻き込みやすいよう中間〜毛先にしっかりカールをつける。その後、ハードタイプのグロスとドライファイバーで重めの質感にしてからフォローブロー。フロント付近にきれいな面を出す。

量感をキープしつつ
面と毛流れを丁寧に整える

■1～■2 ネープセンターから斜めスライスでバックを左右に分け、右バック～右サイドに逆毛を立てる。パート際は、土台となる地肌逆毛と、毛先の毛量を減らすための根元逆毛をしっかり立てる。

■3～■4 さらに左バック～左サイド～トップにも逆毛を立て、ボリュームのあるフォルムを形成する。

■5 全体に逆毛を立てた後、左サイドの毛束をバック側へ方向づけ、ブラシで表面の毛流れを整える。

■6 ハードファイバーをつけた仕上げブラシでもみあげ～左バックをタイトにシェープ後、ダッカールやダブルピンで仮留め。

■7 コームのテールで、右上へ向かう毛流れや逆毛の方向性、量感を整える。

■8 トップの量感を損なわないよう注意し、コームのテールで内側の髪を引き出してフォルムを調整。

■9～■10 左バックに仮留めしていたダッカールとダブルピンをはずし、毛束を丁寧にタイトシェープ。毛流れを整えた後、バックセンターにアメピンを下から順に3本、平行留めにする(※)。
※ここでのピンの留め方は、134ページで詳述

■11～■12 右バックのうち戻る力の強い左側の毛束を、コームのテールで左方向へ返す。続けて毛先を内側に入れ込み、にんじん型に形づけてネジピンで固定。これを夜会巻きの土台とする。

■13 右バックの中間～毛先につなぎの逆毛を立て、■11～■12でつくった土台の表面にかぶせる。

■14～■15 フロントには地肌逆毛で方向性をつけた上で、中間につなぎの逆毛を立てる。その後、表面をシェープしてフロントの毛流れを整え、耳上でダブルピンで仮留め。

■16 次にサイド～トップの表面に、バック側へ毛束を引き込むようにして毛流れをつけ、輪グシでキープ。

■17～■18 右サイドの毛流れときれいにつながるように、右ネープサイドをタイトにシェープ。土台の表面にかぶせる。

■19～■20 コームのテールをネープセンターにあて、右バックの毛先を巻き入れる。その後、内側の土台と左バックの毛束を挟むように、上からアメピンを入れて留める。夜会巻きのライン沿いに2～3本留め、しっかり固定する。

■21 左手で面をおさえつつ、土台の上からコームのテールを入れ、内側の毛束をかき混ぜるようにして量感をなじませて固定。

■23～■24 フォルムをくずさないように表面をシェープし、最後にサイド～トップの毛流れの終点をきれいなうず巻き状に整える。

Formal point:

シンプルな夜会巻きデザインは、高さとボリュームをしっかり出すことで、格式の高いフォーマルシーンに対応。ブライダルをはじめ、着物にも合わせられます。曲線的な面と量感のあるフォルム、毛流れのディテールを丁寧につくり込むことが大切です。

after

23 アップデザインバリエーション
ショートレイヤー ネープ夜会

Part5の6スタイルのうち最もレングスが短いショートレイヤーのbeforeから、ネープ夜会風のアップに仕上げていきます。時代を問わずスタンダードなデザインで、幅広いフォーマルシーンに対応できるので、ぜひマスターしましょう。

before

「巻き」のポイント

衿足は巻き込みやすいよう細めのカーラーで外巻き。アウト後はグロスとドライファイバーを塗布してブロー。夜会風にした時に毛先がチリつかないよう、衿足など要所をロールブラシでフォローブロー。その後、全頭をオールバックにブラッシングし、方向性をつける。

方向性・量感・フォルムを
テールで繊細にコントロール

[1]～[2] フロント生え際のパネルを斜め前方に倒し、地肌逆毛を立てて土台をつくり、さらに根元逆毛で立ち上がりをつけ、中間逆毛でボリュームを出す。バック側へ向かってレンガ状にパネルをとり、フロント～トップにも同様に逆毛を立ててボリュームを出していく。

[3]～[4] サイド～バックサイド～バックには根元逆毛と中間逆毛を立て、ボリュームと方向性をつける。

[5] 全体に逆毛を立てたら、コームのテールでバックトップの根元を起こしながら中間～毛先をバック側へと方向づける。

[6]～[7] フロントの立ち上がりから左サイドへ向かって曲線を描く毛流れをつけ、毛先をバックまで引き込んだらテールで前方にプッシュ。生え際をダブルピンで仮留め。その後、コームのテールで毛流れとフォルムを整える。

[8]～[9] さらに、サイドにかけての毛流れを整える。左眉～こめかみ付近まで下げて、耳上の毛束とつなげてダブルピンで仮留め。

[10]～[11] 要所にコームのテールを入れて内側の毛束を動かし、フォルムを安定させながら、コームや仕上げブラシなどでフロント～トップ～サイドの毛流れを整える。

[12]～[13] ライトサイド側の右トップがつぶれないよう、コームのテールで毛束を引き上げるようにしてフォルムを調整。

[14]～[15] 左バックサイド～ネープをタイトにとかしつける。三ツ衿付近をダブルピンで仮留めし、さらに毛先側を斜め上に方向づけてダッカールで仮留め。

[16]～[17] 左ネープの面をタイトに固定するため、ネープセンターにアメピンを下から入れてしっかり留める。そのすぐ右側の毛束に逆毛を立ててから16のアメピンにかぶせて軽くひねり、上からおさえるように留める。これをネープ夜会の土台とする。

[18]～[19] 右バックに根元逆毛を立てて毛先の毛量を減らし、動きをつけやすくする。さらに中間逆毛で方向性をつけてから、左方向へタイトにシェープ。土台にかぶせる。

[20] 右ネープをコームでとかしつけ、内側の逆毛に表面の髪をくっつけるようにして重ねる。

[21] ネープセンター付近の重ねた毛先を、コームのテールで内側へ巻き込み、内側をぐるぐる回転させて固定。

[22]～[23] コームのテールで毛先を表面にはわせるようにしてディテールを整える。夜会の合わせ目の部分も丁寧に。

[24] フォルムの最終調整では、ネープはタイトになるようダブルピンで固定してから表面をテールで整え、ハードスプレーで固定。

Formal point:

フロント～サイドにかけての立ち上がりと曲線の毛流れ、トップ～クラウンのボリューム感、バックの小さな夜会風フォルムなど、フォーマルな装いを引き立てるデザイン要素が盛りだくさん。留袖はもちろん、ドレスやフォーマルなスーツなどにも合わせられます。

after

PART 5

24 アップデザインバリエーション
ネープロール抱き合わせ

ネープをロール状に巻き込み、左右を抱き合わせにしたデザイン。サイドの曲線〜バックサイドのひねり〜ネープのロールへとなめらかにつなげ、抱き合わせた部分をしっかりピンで留めるテクニックがポイントです。

before

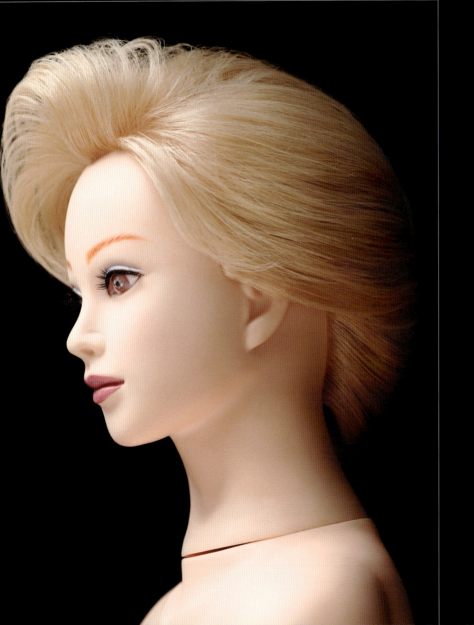

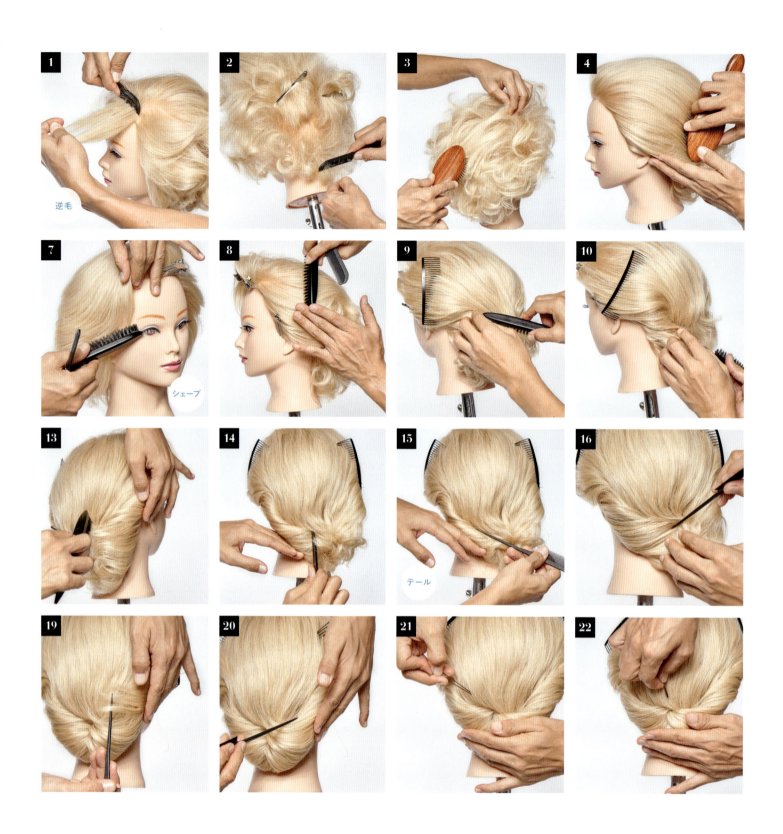

「巻き」のポイント

全体に軽くブロー後、ホットカーラー巻きで大きめの毛流れをつける。ナチュラルグロスとファイバーワックスを塗布し、表面がつながるようにブロー。うねりが出ないように注意しつつクレバスをとり、面をつくりやすくする。フロントの毛流れのつながりもロールブラシでフォローする。

逆毛の土台とピニングで安定したネープロールに

1~2 フロントには立ち上がりをつけるために地肌逆毛を立て、さらに根元逆毛と中間逆毛でボリュームと方向性をつける。トップ~サイド~バックに、根元逆毛と中間逆毛を立てる。ネープ付近はロールの土台とするため、地肌逆毛をしっかりと。

3~4 全体に逆毛を立てた後、トップ~バックをクッションブラシでシェープ。根元の立ち上がりや量感を調整し、表面の逆毛をとりながら、中間~毛先をシェープ。フロント~サイドも丁寧に表面をとかして整える。

5 フロントの内側にコームのテールを入れ、前方へプッシング。立ち上げた部分にボリュームを出す。

6~7 生え際から斜めに立ち上がり、逆サイド側へカーブする毛流れをつけ、立ち上がりをキープするため、生え際をダブルピンで仮留めし、コームのテールで方向づける。続けて右サイドへシェープして毛流れをつなげる。こめかみが隠れるほどの低めの位置でカーブさせ、バックへ引き込まれるような曲線をつくる。

8~11 左のもみあげ付近をダブルピンで仮留め後、斜め後方への毛流れをつけて輪グシで固定。続けて左手でバックサイドの毛束を持ち、バックセンターに向かって外巻き方向にひねり、ロール状に形づける。表面をきれいに整え、ダッカールで仮留め。

12~13 右サイドはひねりながら後方へシェープ。続けてバックサイドの生え際の毛流れを整え、輪グシでキープ。この後の工程でひねりやすいようにしておく。

14~16 11のダッカールをはずし、ネープのロールを生え際から斜めに丸みをつけてコームで外巻きにシェープ後、テールでロール状に巻き込み、毛先を内側へおさめる。ネープセンターから斜め上方向に毛流れをつけてテールでおさえ、ネジピンで固定。

17~18 右バックの毛束を外巻き方向にひねってロール状に形づけ、左のロールと抱き合わせにして重ねる。

19~20 表面の乱れた短い髪は、テールで引き出してから毛流れに合わせてとかしつけ、毛先を内側におさめる。

21 ロール状のフォルムを固定するため、ネジピンを斜め上から、内側におさめた髪をからめるように入れ、センター付近で留める。左右から同様に留め、ピン先を交差させる。

22 21で留めたネジピンを、上からアメピンでしっかりとおさえつけるようにして固定。これも左右2ヵ所、同様に。

23~24 サイドのこめかみからバックへ向かうカーブの位置を最終調整。左サイドはやや低めの位置まで毛束をずらし、コームのテールでバランス良く配置する。

Formal point:

留袖や訪問着など、シックで格調の高い和装にぴったりのデザインです。こめかみ付近につけた曲線は、カーブの位置やバランスを繊細に調整。また、ネープのロールは毛流れの乱れや割れをなくし、きれいな面に仕上げることで、クオリティの高い仕上がりとなります。

after

25 アップデザインバリエーション
オール面構成のラウンドフォルム

前上がりのレイヤーが入り前髪も短めのbeforeから、面構成のアップに。どこから見ても丸みのあるフォルムと、バックに描いたうず巻き状の毛先。高度な技術が必要で、ショート・セットアップの集大成とも言えるデザインです。

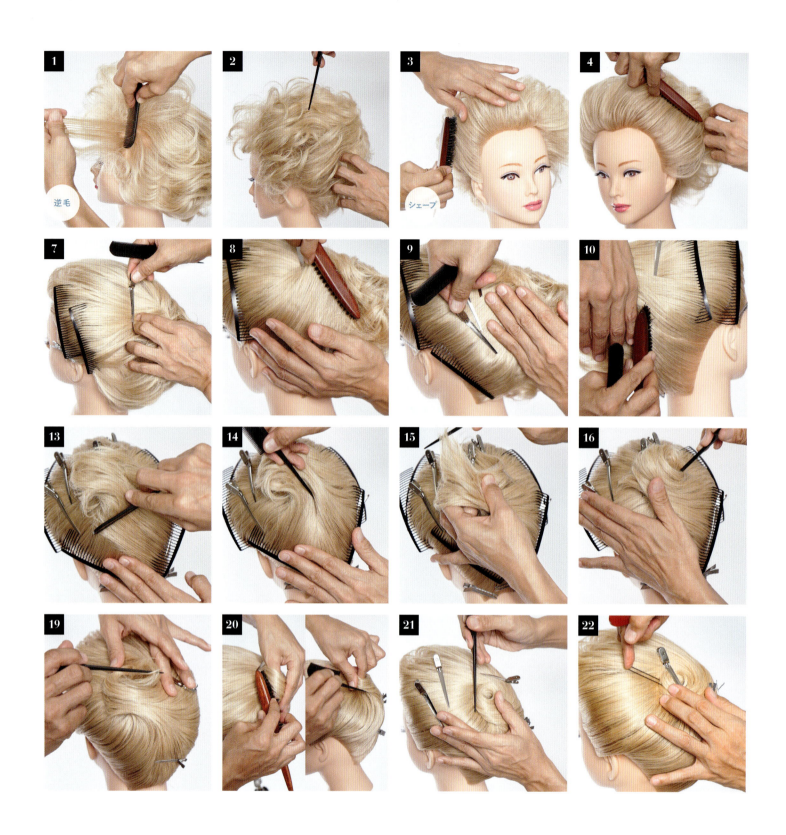

「巻き」のポイント

ブローである程度の立ち上がりや毛流れを整えてからホットカーラーを巻く。アウト後は、面が割れないようファイバーワックス（多め）とナチュラルグロスを塗布し、髪全体がつながるようにブロー。ネープは根元や毛先が折れたりよれたりしないよう、曲線的なフォルムに。

方向性と量感を調整し
なめらかな面と毛流れを

1～2 フロントには土台となる地肌逆毛を立てて立ち上がりを、さらに根元逆毛と中間逆毛で量感と方向性を整える。続けて、サイド、バックサイド、ネープ、バック、トップへと、全体に適宜地肌逆毛、根元逆毛、中間逆毛を立てる。その後、クラウン付近に毛先を集めるようにコームのテールで方向づける。

3～5 ハード系のファイバーワックスをつけた仕上げブラシで、全体に表面の逆毛を整えながらクラウンに向かう毛流れをつける。フロント～サイド、次にバックサイド～バックの表面をシェープ。丁寧に表面の逆毛をとり毛流れを整える。

6～7 フォルムを意識してもみあげにはダブルピン、サイドの面は輪グシで仮留め後、中間～毛先をコームでシェープ。毛束がきれいにつながり、逆毛が出てこないように丁寧にとかし、輪グシやダッカールで仮留めしながら、両サイド～トップの毛先をクラウンに集める。

8～9 左バックサイド～左バックを、クラウンに向かって引き上げるようにシェープ。その後、輪グシとダッカールで仮留め。

10～11 右バックサイド～右バックも同様に上に向けてシェープ。生え際を輪グシで留め、中間毛先はコームでシェープしてざらつきをとり、毛先をセンターの高い位置に集める。

12 ネープの生え際をダブルピンで仮留め後、コームのテールでかき出すようにして、毛束の量感を上（毛先側）へ移行させる。

13～14 右バックの表面を再度シェープ後、コームのテールでなめらかな面に整える。

15～16 フォルムを整えながらセンターに集めた毛束をつまみ、トップへひねり上げる。コームのテールで毛先を丸め、ダッカールで仮留め。

17 バックセンターの表面をコームでシェープし、面と毛流れを整える。

18～19 ハードタイプのグロスをつけた仕上げブラシで、中心に集めた毛束の表面を整える。きれいなうず巻き状に整えるため、短い毛がはみ出ていたりばらついている部分は、コームのテールで一度引き出してからなじませる。

20～21 うず巻きの中心側を整える。毛先をひねり、仕上げブラシでシェープ後、コームのテールで丸めて毛先を中心におさめる。

22 フラットなうず巻き状に整えたら再度ダッカールで仮留めし、ネジピンで本留め（※）。※ここでのピンの留め方は、134ページで詳述

23～24 全体の表面を整えながら、内側からコームのテールを入れてボリューム、フォルム、立ち上がり部分などを最終調整。

Formal point:

和装の中でも特に格式の高い装いに合うこのデザインは、生え際の短い髪がきれいに表面にりつけられているのがポイント。これを叶えるには、髪質調整から始まる仕込み、逆毛、シェープ、ピニング、テールおよびスプレーワークなど、あらゆる技術を総動員させることです。

after

PART 5 *Review*
デザインパーツをおさらい

衿足を上げる

PART5の6スタイルはすべて、衿足の髪を上げたアップデザイン。
短い衿足をきれいに上げるためにどんな
テクニックが使われていたのか、下準備からふり返ります。

ひねり留め　［→STYLE20］

下準備のポイント
毛束を留める土台とするため、ネープ付近には地肌逆毛をしっかり立てる。

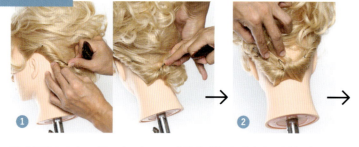

❶ 左耳上からネープセンターまで、ヘムライン沿いに毛束をひねり、タイトにねじ込んでピニング。
❷ 右側も同様にねじ込み、クロスさせてアメピンで固定。

ひねり一束　［→STYLE21］

❶ 衿足をタイトにシェープ後、毛束をつまむように持ち、左側からコームのテールをあてる。
❷ センターに引き寄せたテールを軸に、左手の手首を回転させて毛束をひねり上げ、テールを抜いてからさらにタイトにねじ込む。

下準備のポイント
ナチュラルグロスとドライファイバーで重めの質感に整える。耳後ろ～衿足はタイトにブローし、大まかな方向性をつけておく。

バック夜会　[→STYLE22]

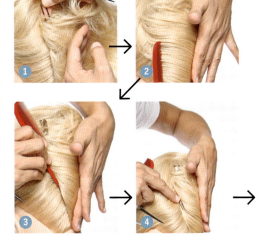

下準備のポイント
斜めスライスで分けたパート際には、土台となる地肌逆毛と、毛先の毛量を減らしてきれいな面を出しやすくするための根元逆毛をしっかり立てる。

① 左バックをシェープ後、平留め。右バックのうち左側の毛束をにんじん型に形づけてピニング。これをすき毛がわりとし、夜会巻きの土台にする。
② 右バックをシェープし、土台にかぶせて面を整える。
③ コームのテールをネープセンターにあて、右バックの毛先をひねり、内側へ入れ込む。
④ 土台と左バックの毛束を挟むように、上からアメピンまたはスモールピンを入れて留める。夜会巻きのライン沿いに2～3本留める。

ネープ夜会　[→STYLE23]

① 左バックを斜め上方向にシェープし、ダブルピンとダッカールで仮留め。
② 左バックの面を固定するため、ネープセンターにアメピンを下から入れてタイトに留める。
③ 右バックの内側の毛束の中間～毛先に逆毛を立て、ボリュームと方向性をつける。
④ 右バックをコームでシェープし、内側の逆毛に表面の髪をくっつけるようにして重ねた後、毛先はコームのテールでひねるように内側へ巻き入れる。

下準備のポイント
ネープ夜会にした時に毛先がチリつかないよう、あらかじめロールブラシで念入りにブローしておく。

ロール 抱き合わせ ［→STYLE24］

下準備のポイント
ロールの土台となるネープ付近には、根元逆毛と中間逆毛でボリュームと方向性をつけるのと同時に、地肌逆毛もしっかり立てる。

❶ 左バックサイド〜左バックの毛束を外巻きにひねり、ロール状に形づける。
❷ コームのテールで毛流れをきれいに整え、ネープセンター付近でピニング。
❸ 右バックサイド〜右バックも1と同様にしてロール状に形づける。
❹ 3を左のロールに抱き合わせるように重ね、合わせ目をきれいになじませて毛先は内側におさめる。※ロール部分のピンの留め方は、136ページ参照。

表面はりつけ ［→STYLE25］

❶ ハードタイプのファイバーワックスをつけた仕上げブラシで、左バックの毛束をクラウンの方向へ引き上げるようにシェープ。左手で面をおさえながらタイトにとかす。
❷ ネープの生え際を輪グシで仮留めして面を固定し、右バックもタイトにシェープ。
❸ 左右の面をつなげてなじませるため、ネープをコームで丁寧にとかし上げる。

下準備のポイント
面が割れないよう、ファイバーワックス（多め）とグロスで重めの質感に整えてからフォローブロー。ネープは特に念入りにブローし、毛先が折れたりよれたりするのを防ぐ。

PART5 ピニングの復習

PART5で出てきたピンの留め方を、
本編で載せきれなかった写真と合わせておさらいします。

ひねり
一束の
ピニング
[→STYLE21]

❶ バックセンターでねじり込んだ毛束に、アメピンを上からはさむように入れて留める。
❷ ネジピンを2本重ねて持ち、ねじり束にピン先をからめるようにさし込む。
❸ 内側の髪とからめるようにピンを回転させ、ピン先が地肌に着いたところでさらに回転させて留める。

土台の
ピニング
[→STYLE22]

❶ 左サイド〜バックをタイトにシェープ後、バックセンターにテールのコームをあててタイトにキープ。
❷ 左指で面をおさえて、ネープセンターの生え際にアメピンを下から留める。
❸ 2と平行にもう2本、センターライン沿いにアメピンを留める。

ロールの
ピニング
[→STYLE24]

  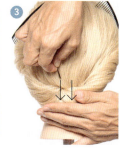

❶ 左、右と抱き合わせるように重ねたロールの合わせ目に、ネジピンをからめ入れて留める。
❷ ネジピンを左斜め上から、ピンの頭が★にくるまで、内側におさめた毛束をからめるように留める。右も同様にして留め、ピン先を交差させてもよい。
❸ 2で留めたネジピンを上からおさえつけるようにアメピンで留める。これも左右2ヵ所、同様に。

ループの
ピニング
[→STYLE25]

❶ フラットなうず巻き状に形づけた毛束を固定するため、ダッカールで仮留めしてからループの端にピンを入れ、からませながら、うず巻き状の毛流れに沿うようにして入れる。
❷ 奥までさし込みながらピン先を動かし、内側の毛束をからめる。これによりループ部分が動かないよう固定する。
❸ ピンの頭が見えないよう、内側へ入れ込んで留める。

{ 入門編 }

超重要
セットテクニック入門

毛先が表面に出てくることの多いショート〜ミディアムのセットには、仕込みに始まり、ブラシやアイロン使い、逆毛、テールワークなどの繊細な技術が必要です。入門編では、セット技術の根っことなる基礎に立ち返り、レベルアップに欠かせないコツをお伝えします。

セット＝熱と湿度の
コントロール

142ページからの技術解説に入る前に、
まずはセットの意義と目的について理解しておきましょう。

形がつくポイントは熱が加わり **85〜90％ドライ**の状態

右の図は、ブローやアイロン巻き、ホットカーラー巻きなどが、それぞれ熱と湿度がどんな状態で行なわれ、どの段階で髪が形づくのかをイメージ化したものです。髪に相応の熱が加わり、完全ドライの直前（85〜90％＝仮固定ポイント）で髪に形がつくことが分かります。

熱くする⇔冷やす 濡らす⇔乾かす

セットの仕事において重要なのは、髪を「熱くする⇔冷やす」「濡らす⇔乾かす」この二つの組み合わせです。熱と湿度（髪の乾燥度合）を上手に利用することで、髪を形づけ、そしてその形を固定することができます。

しなやかすぎる のも要注意

薄毛や細毛のお客さまに対し、仮固定の段階で髪をしっとりさせすぎると、ペタンとしがちでボリュームを保ちにくいというデメリットもあります。その場合、セットで形をつける作業を完全ドライに近い状態（90％程度）で行なうと、ボリュームを保つには有効です。

乾きすぎは禁物

髪が乾き切った状態からさらにセットで熱を加えると、髪に形がつかないばかりか、髪が焦げたりダメージが進行したりするリスクがあります。スタイリング剤を用いて髪をしっとりとさせる「髪質調整」は、髪の湿度をキープし、乾燥するスピードをゆるめる役割を担っています。

さまざまなセットと熱・湿度の相関イメージ

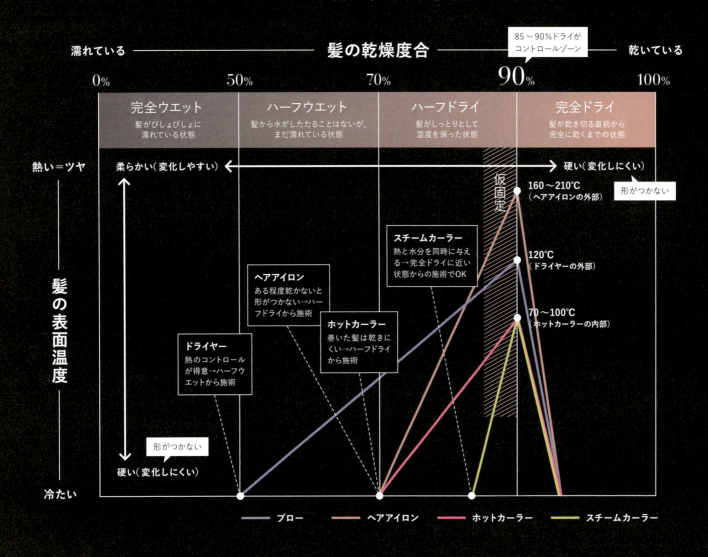

入門編のフロー

次ページからは、ショート〜ミディアムレングスのセットにおいて特に重要な
テクニックを、4つのカテゴリーに分けて解説していきます。

仕込み 入門
髪質調整
ブロードライ

巻き 入門
ホットカーラー巻き
ロールブラシ巻き
カールアイロン巻き
ストレートアイロン巻き

逆毛 入門
逆毛の種類
逆毛の効果

仕上げ 入門
シェープワーク
（ブラシ・コーム）
テールワーク
仮留めワーク
スプレーワーク

PART 1
仕込み入門

髪に形をつける前に、髪をセットしやすい状態に整える仕込みの工程。その意義と目的、特に注意すべき重要ポイントを理解しましょう。

仕込みの2ステップ

STEP 1 髪質調整
↓
STEP 2 ブロードライ

※ホットカーラー巻きでつけたカールは、短い髪のセットにおいてはそのままフォルムやデザインに生かされることもあるため、ここではホットカーラー巻きを仕込みに含まず、「巻き」の項で紹介しています。

※写真左の数字はスタイル番号です。各スタイルの仕込みの一場面をピックアップして掲載しています。

はじめに理解しておこう①
髪質調整にまつわるQ&A

セットの仕込みに欠かせない髪質調整。いつ、何を、何のために行なうのか、素朴な疑問に答えます。

Q1. 髪質調整の目的は？

A. 髪に水分・油分などを補い、髪の湿度を保つこと。これにより髪が動きやすくなり、形がつきやすくなります。

Q2. なぜ髪質調整が必要？

A. 水で濡らすだけでは、セットで熱を加えるとすぐに髪が乾燥し、髪に形がつかない完全ドライの状態になってしまいます。そこで、髪質調整で髪の湿度をキープすることが必要になるのです。

Q3. 髪質調整っていつ、何を行なうこと？

A. セットの工程の最初に必ず行なうのは、①水スプレーで髪を濡らす、②ベース剤を塗布する、この2つ。また、セットの途中でも、グロスやワックスなどのスタイリング剤を適宜塗布し、乾燥を防ぐことも大切。

はじめに理解しておこう②
ブロードライのおさえどころ

仕込みのブロードライの役割や注意すべき点など、特に重要な3つのポイントを紹介します。

POINT 1. クセをとり、ツヤを出す

ホットカーラーやヘアアイロンを巻く前に、ドライヤーでブローすることで髪のシワやクセをとり除き、また髪のざらつきをとり均一な状態に導きます。そこに、熱を加えることで形状が変化し、髪にツヤも出ます。

POINT 2. 仕上がりに備えた下地づくりでは…

求める仕上がりの形がつきやすいようにあらかじめ下地をつくることも、仕込みの重要な役割。毛流れはリバースかフォワードか、丸みをつけるのかタイトに締めるのかなど、仕上がりのイメージを明確に描いた上で、どんなブラシを使うのか、またはハンドブローがいいのかなど、最適なアプローチを探ります。

POINT 3. ドライヤーの位置と角度を見きわめる

髪を乾かすだけでなく、形のベースをつくる仕込みでは、ドライヤーをあてる位置や角度を的確に使い分け、あてすぎによる割れやつぶれがないように、ねらい通りの部位に上手に同じ風と熱を与えることが求められます。

仕込みの工程

髪質調整、ブロードライによる仕込みの工程を見ていきましょう。

髪質調整① 水スプレー

髪全体に吹きつけて
よく濡らす

▽ キリフキに水を入れて使用し、全体にまんべんなく水分を行き渡らせる

△ しっかりクセをとりたい場合は、多めにふきつけてハーフウエット状態にしてからスタート

髪質調整② ベース剤塗布

ベース剤を毛先から
もみ込むように塗布。
髪の内側にもつけ、
全頭の髪質をしなやかで
均一な状態に

▽ 髪を熱から守り、湿度をキープするためのベース剤は、セット効果のあるミルクタイプと、重めのコンクタイプのトリートメント2種類をミックスしたものを使用

△ 求めるデザインにより、さらに髪をしなやかにしたい場合には、ベース剤の後にワセリン系のグロスを塗布することも

ブロードライ

ドライヤーでブローして
髪の方向性やクセを直し、
髪にツヤを与える。
髪質やつくるデザインにより、
アイテムを使い分ける

スケルトンブラシ　ブラッシングブラシ　ハンドブロー

PART 1 仕込み入門

Close Up ブロードライ 3つのアプローチ

この後つくるセットデザインの仕上がりイメージにより、ブロードライのアプローチは異なります。
それぞれの特性や"使いどころ"を理解しましょう。

1 ハンドブロー

手のひら全体でざっくりと髪を乾かしたり、指に髪を巻きつけて
形をつけたりするブロー法で、いわゆる手グシと言われるものです。

特徴
- ・全体にラフな動きをつけやすい
- ・ピンポイントに動きや曲線をつくりやすい
- ・髪質の感触を指で感じながら乾かせる
- △熱への耐久性は△なので工夫して熱をあてること
（指に直接ドライヤーの熱が当たるため）

2 ソフトタイプのスケルトンブラシによるブロー

ハンドブローとともに、仕込みのブロードライで使用するソフトタイプのスケルトンブラシ。
「目が粗く、風が抜けやすくやわらかいピン」というブラシの構造に要注目。

特徴
- ・ラフな立ち上がりをつけやすい
- ・自然な丸みをつくるのに適している
- ・それなりのクシ通り感があるので、毛流れに大まかな方向性をつけられる
- △毛先にテンションがかからないため、毛先にツヤが出にくい

3 ブラッシングブラシによるブロー

巻きでできたクレバスとりやフォルム補整、ネープや生え際には、
仕込みのブローでブラッシングブラシを用いることもあります。

特徴
- ・地肌、根元までしっかりとかせる
- ・全体のテンションの均一感をつくりやすい
- ・衿足を上げるデザインの仕込みに◎
- ・髪1本1本をとかせるので、面が整い、ツヤを出しやすい

Close Up ドライヤーの持ち方

ドライヤーは右手、左手のどちらでも上手に使えるよう、両手でハンドルやネックを持つ練習を繰り返し、上手に風圧や風の方向、熱量をコントロールできるようにしましょう。

② ネック側
ノズル
① ハンドル側
操作スイッチ

ノズルをはずすと
ノズルをはずしてすと丸くふき出し、大きく風が出てくる。

ドライヤーを持ってみよう

ハンドル側（柄）を持つ場合と、ネック側（首）を持つ場合、右手と左手それぞれでの持ち方を比べてみましょう。

\ ハンドル側（柄）を持つ /　　　　\ ネック側（首）を持つ /

右手　　左手　　右手　　左手

POINT ネック側を持つと細かいコントロールがしやすい。親指と人差し指で根元をしっかり固定すれば熱くなく、長く持ち続けられる。

PART 1 仕込み入門

Close Up ドライヤーの角度は45度を目安に

ドライヤーをあてる時、引き出したパネルに対して45度の角度を目安にすると良いです。
イラストで確認してみましょう。短い髪がけば立たない
ぎりぎりのところに熱をムダなく、効率よくあてることが大切です。

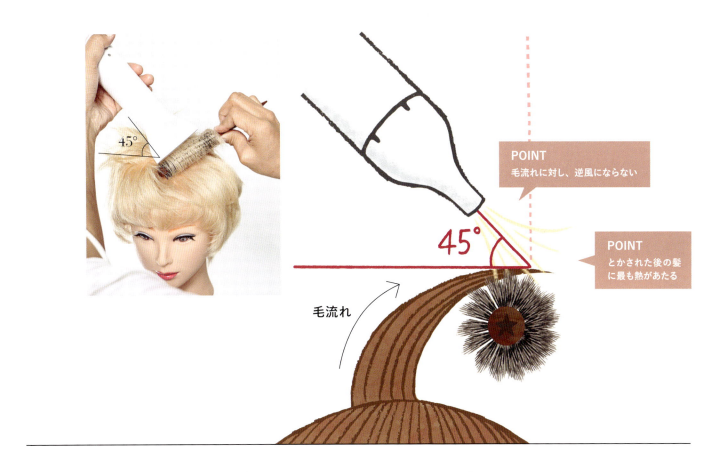

POINT
毛流れに対し、逆風にならない

POINT
とかされた後の髪に最も熱があたる

毛流れ

ノズルの使い分け

ノズルなし
丸く（立体的に）
風が出てくる
▽
強い風と熱を広範囲に
与えられる
▽
ざっくりと
乾かすのに◎

ノズルあり
平面的に風が出てくる
▽
ピンポイントに最高温の
熱を集中させられる
▽
精密なドライ・セットの
工程で有効
（例：形をつける、熱でツヤを与える）

PART 2 巻き入門

※写真左の数字はスタイル番号です。各スタイルの巻きの一場面をピックアップして掲載しています。

髪に形をつける工程の中心となるのが「巻き」。ホットカーラー、ロールブラシ、カールアイロン、ストレートアイロン、それぞれによる巻きのポイントを紹介していきます。

4つの巻きとは

1. ホットカーラー巻き
2. ロールブラシ巻き
3. カールアイロン巻き
4. ストレートアイロン巻き

はじめに理解しておこう
4つの巻き それぞれの特性

これから紹介する4つの巻きについて、それぞれの特性をまずはおさえておきましょう。

ホットカーラー巻き

あらかじめ専用機器で温めたカーラーで髪を巻き、カールをつける。

- ・最も早く髪全体にカールをつけられる
- ・根元の立ち上がりとボリューム感をつくりやすい
- ・短い髪でも生え際からカールをつくることができる
- △カーラーの中心温度がアイロンより低いため、アイロンほどのツヤは出にくい
- △巻いた後、毛先のチリつきや根元のクレバスが生じやすい（アイロンやブローでフォロー）

ロールブラシ巻き

ロールブラシを使ったブローで髪を形づける。ドライヤーの熱を利用する。

- ・ピンポイントに形をつけやすい
- ・根元にきれいな立ち上がりをつけられる（クレバスやテンションに注意）
- ・ブラシの抜き方や方向次第で、カールの強さ、毛流れの方向性を自在に変えられる
- △ドライヤーで熱風をあてるので、熱がそれほど高くなく、アイロンのようなツヤは出ない

カールアイロン巻き

丸型のヘアアイロンを髪に巻いて熱を与え、カールや曲線をつける。

- ・高温の熱を与えることができるので、ツヤ・ハリを出しやすい
- ・丸みをつけやすく、1つのパネルに対して根元から均一なカール感を出しやすい
- ・ランダムなカールの動きをつけやすい
- △根元や生え際、短い衿足や耳まわりには使いにくい（やけどに注意が必要）
- △乾燥した髪に使うと傷みやすい

ストレートアイロン巻き

平型のストレートアイロンで髪をはさみ、回転させて熱を与え、髪を形づける。

- ・カールアイロンと同様に、ツヤを出しやすい
- ・耳まわりや衿足、額まわりなどの短い毛にも、安全にカールをつけられる
- △ピンポイントにへこみや丸みをつけられるが、全体のつながりがつけにくい
- △途中で止めたり回転が甘かったりすると、きれいなカールになりにくい

ホットカーラー巻き

ホットカーラー巻きにおいて、はずせない鉄則と上手に巻くコツ、巻き方の一例を紹介します。

ホットカーラー巻きの鉄則
仕上がりに合わせてカーラー選定＆ステムコントロールをすること

17ミリ　21ミリ　25ミリ　30ミリ　35ミリ

※ホットカーラーの表面のピンは、巻きやすくはずしやすいように、ひとつずつ丁寧に切ってあります。

上手に巻くための3つのコツ

❶ 短い毛先をきれいに巻き込むには

短い衿足やレイヤーの入った髪は、毛先を巻き込みにくく、細かい毛が飛び出しがち。そんな時には、ワインディングコームのテール（ステンレス製）を使うときれいに毛先が入るので便利。

ワインディングコーム

❶ 留め具を使い分けよう

カーラーを固定する時は、なるべくダッカールを使うと跡がつきにくくきれいな仕上がりに。ただし固定力が弱いため、ベリーショートの短い衿足などには付属の留めピンを使う。付属のピンは奥までしっかり留まるが、根元に波型の跡がつきやすいので注意。

ダッカール

付属のピン

❶ はずす時には引っ張らない

ホットカーラーをはずす際には、髪を強く引っ張らないように注意。髪がまっすぐに伸びた状態で熱が冷め、その形がついてしまう。カールの方向に沿ってカーラーを回転させたり、カールの弾力をキープした状態ではずすなどの工夫が求められる。

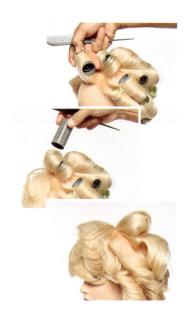

PART 2 巻き入門

Close Up 仕上がりに合わせた巻き方例
～フロント立ち上げデザインの場合～

デザイン編の「スタイル6（34ページ）」を例に、仕上がりに合わせたホットカーラーの巻き方を見てみましょう。

立ち上げるフロントは
アップステム＆
上内巻き

おさまりを
良くしたいバックは
ダウンステム＆
下内巻き

衿足も下内巻きで
ボトムを小さく

ホットカーラーはずし後

仕上がり

{ はずした後は必ず！ **2つのステップ** }

1

スタイリング剤で保湿する

髪の乾燥度合いや求める質感に合わせてワセリン系のグロスやファイバーワックスなどのスタイリング剤をセレクト。必要に応じて髪全体に塗布し、髪を保湿。セットしやすい状態に整える。

▷▷▷

2

根元のクレバスをとる

ハンドブローやブラシを使ったブローなどで、根元のクレバスをとり除く。クレバスが残った状態ではカールやウエーブ、毛流れがつながらず、雑な印象の仕上がりになるので注意。

ロールブラシ巻き

指先でブラシを回転させて髪を巻き込む「ロールブラシ巻き」。
テクニックの注目ポイントは、
指使いとブラシの抜き方、両手の使いこなしです。

ロールブラシ巻きの鉄則
親指と人差し指を安定させ両手・両方向を自在に

ネック
ハンドル

ロールブラシ 基本の持ち方

持ち方のコツ

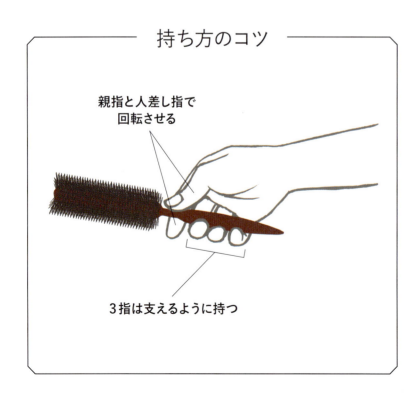

親指と人差し指で回転させる

3指は支えるように持つ

45ミリ 中
55ミリ 大
30ミリ 細
35ミリ 小

PART 2 巻き入門

Close Up ロールブラシの回転と指先の変化

ロールブラシを回転させる時の指先の動きと変化を、イラストとともに紹介します。

⟶ 指の動き(注目ポイント)

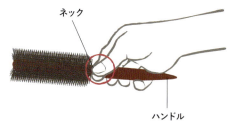

1
親指と人差し指でブラシのネックをつまむように持つ。その他3指は軽く支えるように持つ(2〜4も同様)。

2
親指と人差し指でつまんだネックを親指の関節まで回転させる。その時、他3指はややゆるめてハンドルを支える。

3
これ以上親指は表側にまわり込めない状態まできたら、次に小指から順に3指で支えながら回転させていく。

4
小指から順に薬指、中指とアシストしてハンドルを回転させるのと同時に親指と人差し指を離し、他の3本の指先まで回転させたらまた、親指と人差し指を元の位置(基本の持ち方)からスムーズに回転させる。

Close Up　ロールブラシの抜き方で方向性調整

ロールブラシをどの方向に抜くかによって、毛先の方向性が変わります。ここでは代表的な3つの抜き方を紹介します。
写真を見ながら練習し、ブラシの角度を上手にコントロールできるようになりましょう。

右手・左回転

右手でロールブラシを持ち、ブラシを回転させながら、左側から髪を抜いていく。

右手・右回転

右手でロールブラシを持ち、ブラシを回転させながら、右側から髪を抜いていく。

左手・右回転

左手でロールブラシを持ち、ブラシを回転させながら、右側から髪を抜いていく。

PART 2 巻き入門

Close Up 左手・右手 両手を使いこなそう

ロールブラシでねらい通りの曲線や毛流れをつけるには、
利き手だけではなく左手、右手の両方を器用に使えることが大切です。

右手 でロールブラシを持つ

左手 でロールブラシを持つ

右手

左手

POINT 右サイドを内側に入れ込むようにブローする時は、ロールブラシを回転させてから下に抜かなければならない。右手でブラシを持つと、持った側に抜くことができないので、左手でロールブラシを持ち、回転させながら下に抜く。

〜 左手・ロールブラシの使い方 〜

❶
テール（ブラシの柄）で
毛束をすくう

❷
左手でブラシ、
右手でパネルを持つ

❸
ブラシに毛束をかませる

❹
ドライヤーをあてて
ブロー

アイロン巻き

アイロン巻きで用いるヘアアイロンは、丸型の「カールアイロン」と平型の「ストレートアイロン」に大別されます。

アイロン巻きの鉄則
コームでフォローし「安全」「安定」に配慮

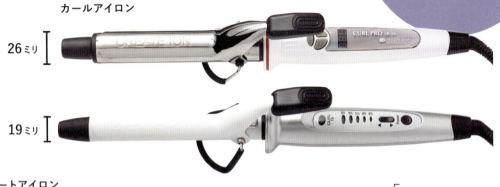

カールアイロン
26ミリ
19ミリ

ストレートアイロン

共通の特徴
・高熱を与えて髪に形をつける
・ツヤを出しやすい
・毛束に丸みをつけやすい

カールアイロン巻きorストレートアイロン巻き
使い分けるコツ

巻きの工程において、カールアイロンとストレートアイロンを上手に使い分けるためのおさえどころとは？

根元から均一なカールを出すには
カールアイロン がベター
ストレートアイロンでは、回転やスルー時の止め方などに、繊細な技術が問われる。

耳まわり・額まわり・衿足・生え際の短い毛には
ストレートアイロン がベター
カールアイロンのように表面が熱くないので、より安全に施術できる。

短い髪に形をつけるには
ストレートアイロン がベター
手軽に操作できるため、クイックな施術が可能。ピンポイントにクセづける時にも○。

毛先に2回転以上の丸みをつけるには
カールアイロン がベター
ストレートアイロンは、回転させるのが大変。

PART 2 巻き入門

Close Up アイロンの持ち方

カールアイロンとストレートアイロン、それぞれの持ち方を紹介します。

カールアイロンの持ち方

- **POINT** 左手のコームでフォロー＆ガード
- **POINT** 親指以外の4指でアイロンを囲むように持つ
- **POINT** メインは親指でクリップを操作する
- カバー
- クリップ

※回転中におさえる時は、他の指も使用する。

使い方の基本

1. クリップをおさえてカバーを開き、毛束をはさむ
2. クリップを戻してカバーを閉じ、プレスする

ストレートアイロンの持ち方

- **POINT** 親指でプレート上部をおさえる
- **POINT** 左手のコームでフォロー。コームはパネルの裏側から入れる
- **POINT** 親指以外の4指でプレート下部をおさえる
- プレート

使い方の基本

1. 上下のプレートで毛束をはさむ
2. 手首を回転させ、毛束を曲げる

Close Up ショート向け カールアイロン 4つの

1 根元を立ち上げ 斜めのカールをつける

1 根元近くからカールアイロンを入れ、アップステムで立ち上がりをつける。

2 POINT さらにカールアイロンを斜めに回転させ、カールに対して横方向に抜く。アイロンを回転させる方向をコントロールすることで、中間部から変化のあるカールがつけられる。

▽▽▽

2 サイドを外ハネにする

1 少量の毛束をコームで分けとり、中間〜毛先をアイロンではさんで外巻き。

2 POINT 中間部からの方向性を意識することで、外ハネの動きがしっかりつく。

▽▽▽

PART 2 巻き入門

テクニック

ショートのセットで役立つ、4つのカールアイロンテクニックを紹介します。
巻き方やステムとあわせて注目したいのが、「アイロンの回転と抜き方」です。

3 前髪の毛先を流す

1
コームを裏側から入れてパネルをとる。

2
中間〜毛先を巻いたらコームを内側に入れ、肌をガード（コームとアイロンもつかないようにする）。

3 POINT
アイロンを斜めに抜き、さらにコームを入れ、斜めにクセづける。これにより毛先の方向性が固定される。

4 コームでガードする

額まわりや耳まわりを巻く際は、常に肌側にコームをあててガードする（熱伝導するのでなるべくアイロンにコームがつかないように素早く行なう）。
アイロンは先を使用し、さらに短い場合はストレートアイロンを使用する。

耳まわり

額まわり

POINT カールアイロンは表面も高温なので、肌に触れてやけどさせることがないよう、万全の配慮が必要

Close Up ストレートアイロンでつくる ショートのフォワードカール

マッシュショートのBeforeに対し、ストレートアイロンのみでフォワードのカールをつける テクニックです。

BEFORE

▷▷▷

AFTER

④ 高さを出す
③ カールを重ねる
① 耳まわり
② 衿足

[注目ポイント
・耳まわりなど短い毛の処理
・クールダウンテクニック
・手首の回転]

---

❶ 耳まわりにカールをつける

コームで少量のパネルを分けとり、中間をアイロンではさんで内巻き。
フロント側へアイロンを抜き、コームで支えながら毛先をフォワードに方向づける。

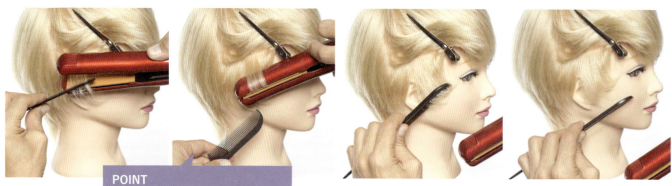

POINT
手首を回転させてアイロンを動かし、毛束を曲げる。この時、求める曲線を明確にイメージしながら回転度合いを加減する

≫ 回転度合いがカールの強さや形状を左右する

PART 2 巻き入門

❷ 短い衿足を外ハネにする

アイロンを斜めにして毛先をはさみ、フロント側へ回転させる。これにより外ハネのカールをつける。

POINT
首の形を意識してアイロンの角度を斜めにすることで、首になじむ外ハネのカールとなる

❸ カールを重ねる

立体的にカールを重ねる時は、アイロンスルー後、
コームでカールを支えるようにして数秒キープ。熱を冷ましてからコントロールする。

POINT
つくったカールをクールダウンして形状を固定してから、コームから離す。

❹ トップに高さを出す

フォワード方向にパネルを引き出し、アイロンを根元に入れて少し角度をつけて持ち上げる。
さらに、中間部から毛先はフロント側に回転させてアイロンを抜く。

POINT 中間部に斜めに回転を加えることで、立体感のあるカールになる

Close Up 3つの巻きで同じ毛先流し前髪デザインをつくる

これまで学んだ3つの巻きで、中間部は内巻きで毛先だけ
横に流したラウンド状の前髪デザインをつくります。
それぞれの特性が仕上がりにどう影響するのかを検証しましょう。

＼注目ポイント／

- Rのつけ方・つき加減
- 毛先の丸み
- 毛先の流し方

｛ ロールブラシ巻き ｝

ロールブラシ巻きで毛先だけ軽く横に流すデザインにするには、外巻きと内巻きを組み合わせるのがポイント。内巻きのブローだけでは毛先を横に流しにくいので、あらかじめ中間部を内巻きにしてから毛先を外巻きにブローし、整える。

① 内巻き

② 外巻き

③ 毛先巻き（表面フォロー）

④ 内巻き（下抜き）

Rはやや弱めながらも、毛先にゆるいカーブがついた仕上がりに

カールアイロン巻き

高温で施術するカールアイロンは、巻いた後に毛先をコーミングすれば毛流れをつけられる。内巻き後すぐに（熱が冷めないうちに）、コームを通して毛先を横に流す。さらに、中間の表面にカールアイロンをあてて少しへこみをつけることも。

① 内巻き

② コーミング

③ 毛先流し・中間へこませ

④ 内巻き（サイドフォロー）

安定したRを描く仕上がりは、局所的に動きをつけられるカールアイロンならでは

ストレートアイロン巻き

ストレートアイロンで内巻きにする際は、部分的に直線になったり毛先が開いたりしがちなので、常になめらかにアイロンを回転させることが重要。カールアイロンと同様に、内巻き後はすぐにコーミングし、毛先を横に流す。

① 内巻き

② コーミング

③ 内巻き→外巻き（サイドフォロー）

④ 毛先巻き（表面フォロー）

なめらかな動きと回転を意識したアイロンワークで、弱いながらも自然なR状に

PART 3
逆毛入門

ショート〜ミディアムで、ボリュームのあるセットデザインを叶えるために欠かせないのが、逆毛のテクニック。上手に逆毛を立てるための重要ポイントを紹介します。

ここで学ぶことは

1. 逆毛の種類と目的
2. さまざまな逆毛の効果

※デザイン編のStyle02、06、08、10は逆毛のテクニックを使っていないスタイルです。
※写真左の数字はスタイル番号です。各スタイルの逆毛の一場面をピックアップして掲載しています。

はじめに理解しておこう
逆毛にまつわるQ&A

逆毛は何のために、どのように立てるものなのか——まずは大前提から理解しておきましょう。

Q1.
逆毛を立てるというのは、何をどうすること？

A. 髪をからませること。これにより、毛量を調整したり、髪同士につながりをつけたり、方向性を変化・固定させることができます。パネルを引き出してコームを前後（または上下）に動かしたり、毛束をつまんでバックコームするなどの方法があります。

Q2.
逆毛を立てることで、どんな効果が得られる？

A. 髪にボリュームを出すことをはじめ、量感を移動させてフォルムを形成したり、毛流れをつけやすくしたり、毛先に動きをつけるなど、その効果はさまざま。求める効果・目的に応じて、逆毛を立てる位置や量を設定し、コントロールすることが大切です。

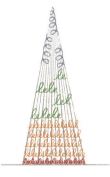

Q3.
逆毛にはどんな種類がある？

A.「地肌逆毛」「根元逆毛」「中間逆毛」「毛先逆毛」——大まかにはこの4つに分けられます。それぞれの目的を理解した上で使い分けることが、クオリティの高い仕上がりへの近道です。
（※4つの逆毛については、次ページで詳述）

逆毛の鉄則

髪をからませて量感や毛流れの方向性をコントロールする

Close Up 逆毛の種類

「地肌逆毛」「根元逆毛」「中間逆毛」「毛先逆毛」——4つに大別される逆毛について、それぞれ解説します。

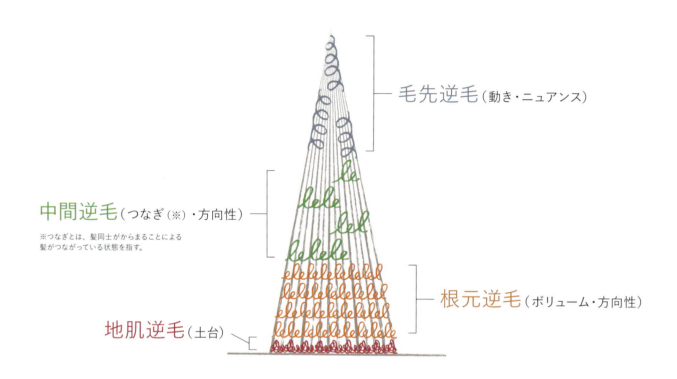

- 毛先逆毛（動き・ニュアンス）
- 中間逆毛（つなぎ（※）・方向性）
  ※つなぎとは、髪同士がからまることによる髪がつながっている状態を指す。
- 根元逆毛（ボリューム・方向性）
- 地肌逆毛（土台）

地肌逆毛

地肌に密着した逆毛のこと。コームを動かして中間にからまりをつくり、そのからまりを根元側へ移動。最終的には、地肌（頭皮）に密着させる。これをボリュームや毛流れの土台とする。

目的
- ボリュームの土台をつくる
- 毛流れの土台をつくる
- 根元を安定させ、根元逆毛を浮かなくさせる

根元逆毛

根元に量感を出す逆毛のこと。地肌逆毛で根元を安定させてから立てる。コームを細かく動かして、毛先〜中間にからまりをつくり、そのからまりを根元へ移動させてボリュームを出す。

目的
- ボリュームを出す
- 方向性をつける（パネルの角度をコントロール）
- 毛先の毛量を減らす（毛先を動かしやすくする）

PART 3 逆毛入門

中間逆毛

中間付近にからまりをつくる逆毛のこと。根元逆毛でつくったボリュームからの動きや面のほか、髪同士のつながりを利用して、毛流れの方向を固定または安定させたり、毛流れの方向性を途中から変える時にも用いる。

目的
- 髪同士をつなげる
- 毛流れの方向を変える
- 毛流れを固定する（エアリーでも、面でも）
- ボリュームを固定・変化させる

毛先逆毛

毛先〜中間の比較的狭い範囲に立てる逆毛のこと。毛先に動きやカール感をつけたり、毛先の方向を変えたり、毛先にやわらかいニュアンスをつけたり、強い毛束感を消したりすることができる。

目的
- 毛先の方向を調整する
- 毛先の動きを調整する
- 毛先の量感・質感を調節する

逆毛による量感移動イメージ

逆毛を立てるとなぜ毛流れがつきやすくなるのか、イラストで確認しましょう。

地肌逆毛、根元逆毛、中間逆毛、毛先逆毛を全体に立てることで、ボリューム（毛量）が根元側へ移動して毛先側の毛量が減り、髪同士がつながり、毛が浮きやすく動かしやすくできる。

▷▷▷

毛先側の毛量が少なくなっているので、毛先は毛量・厚みがなく動きやすい状態。このため、重力や毛流れに逆らっても毛束をシェープした際に毛流れが安定しやすくなる。

Close Up　逆毛の効果を検証

用途に応じて逆毛を立てると、どんな効果が得られるのか。5つの実例で確認しましょう。

[例1] ボリュームを出してフォルムを形成する

地肌逆毛　根元逆毛　中間逆毛　毛先逆毛

仕上がりのフォルムをイメージし、各セクションで必要な量感に合わせて地肌〜根元逆毛を立てる。アウトラインの毛束は、根元側へ押し込むように逆毛を入れて毛量を減らし、ボリュームを安定させてフォルムを形成する。

ボリューミーに形成されたフォルムにややフラットなカールを構成

[例2] 髪同士をつなげて方向性や毛流れを安定・固定

根元逆毛　中間逆毛

手グシでとかした毛流れに、バックコームで中間〜根元につなぎの逆毛を立てる。求める毛流れのイメージに合わせて上からバックコームを入れ、毛流れを安定・固定させていく。

逆毛で前後左右のつながりをつけることで、カールの動きをつけたり、方向性を変えながら毛流れをキープできる

PART 3 逆毛入門

[例3] ## 髪同士をからませて方向性を固定する

逆毛で毛流れの方向や毛束感を固定することで、髪が落ちることなく持ちのよい耳かけスタイルに

中間逆毛

もみあげ〜耳後ろのヘムライン沿いに逆毛を立て、毛束をからませながらリバース方向への毛流れを固定する。

[例4] ## 髪をからませて量感と動きを調整

ランダムなカールデザインも、仕上げの逆毛で安定したバランスの良いフォルムに

中間逆毛　毛先逆毛

仕上げの工程で、バランスを見ながらところどころに逆毛を入れて髪をからませる。これにより毛量や動きをコントロールし、フォルムやカールの方向、動きを最終調整する。

[例5] ## 衿足の毛先を留める

華やかなカールの量感とは対照的に、衿足は逆毛でタイトに締めることで、メリハリのあるフォルムに

毛先逆毛

衿足の生え際をタイトにしたい時は、テールでおさえつけた後、ピンを使わず毛先をひねりながら逆毛とハードスプレーで固定することもできる。

PART 4 仕上げ入門

巻きをつけたり、逆毛を立てた髪に対し、毛流れやフォルム、量感、質感を整えていく仕上げの工程。そこには、クオリティを高めるためのいくつかのポイントがあります。

ここで学ぶことは

1. シェープワーク
2. テールワーク
3. 仮留めワーク
4. スプレーワーク

※写真左の数字はスタイル番号です。各スタイルの仕上げの一場面をピックアップして掲載しています。

はじめに理解しておこう
仕上げの工程 それぞれの目的

シェープワーク、テールワーク、仮留めワーク、スプレーワークと、大まかに4つに分かれる仕上げの工程。まずはそれぞれの目的を整理しましょう。

＼ 使うアイテム ／

シェープワーク

ブラシやコームを使って髪をとかし、束感や毛流れをつけたり、面を出したり、フォルムを整えたりすること

仕上げブラシ / クッションブラシ / ブラッシングブラシ / コーム

テールワーク

コームやブラシのテール（柄）の部分を使い、量感や動き、毛流れの方向性、カール、フォルムなどを調整すること

コーム（テール部分） / 仕上げブラシ（テール〈柄〉部分） / ライジングコーム

仮留めワーク

立ち上がりや毛流れ、面などをキープする際、ピンや輪グシなどを使い、途中で少しずつ仮留めしながら仕上げていくこと

ダブルピン / ダッカール（セット用の小さめのもの） / シングルピン / 輪グシ

スプレーワーク

毛流れや動き、フォルムを固定するためにスプレーをふきつけること。とかし直しが可能なもの、ホールド力の高いものなどを使い分ける

ハードスプレー / ムービングスプレー / グロッシースプレー

（※スプレーの種類と特徴は、180ページで詳述）

シェープワーク

コームやブラシを使って行なうシェープワークで、
きれいな毛流れや面を表現していくためのポイントを、
実例と合わせて解説します。

シェープワークの鉄則
毛流れの
つながりや
束感を意識し
丁寧にとかす

｛ コームによるシェープワーク例 ｝

フィンガーウエーブ風の毛流れをつける

❶ 内側の逆毛を意識しながら、前髪を斜めにシェープ

寝かせたコームの歯に表面の毛束をかませ、量を考えてとかしつけること

❷ 表面を指でおさえて横にずらすようにシェープ

ウエーブがずれないよう、左手でしっかりおさえる

面と毛流れを整える

❶ バックの表面を指の腹も使いシェープ

生え際はダブルピンで仮留めし、左指で面をおさえながら上方向へ丁寧にとかす

❸ 先端を指でつまんで毛流れをバック側へ引き込み、オープンエンドを強調する

オープンエンド

形状をキープするため、少しずつダッカールで仮留めする

❹ さらにバック側へ引き込み、リッジをつけながらウエーブをつける

クローズドエンド

毛流れをタイトに引き込んでメリハリのあるウエーブに

❷ 中心の毛流れを整える

フォルムに注意しつつ、表面のテンションをキープして

▽

▽

PART 4 仕上げ入門

ブラシによるシェープワーク例

フロントの立ち上がりと毛流れをつける

❶ 生え際から表面を真上にシェープ
左手でまわりを支えつつ、ブラシを引き上げて曲線的に立ち上がらせる

❷ 中間からカーブシェープでつなげるように横に流す
生え際を指でつまんで立ち上がりをキープしながら、サイドの毛流れにつなげる

ピンポイントで動きをつける

❶ 仕上げブラシの先端にスタイリング剤を塗布
ややハードタイプのグロスで保湿＆形をつけやすくする

❷ ブラシを縦に使い、細いラインで動きをつける
ブラシの縦使いで細かい動きがつき、束感やエアリーな質感に

曲線的な毛流れをつける

❶ ハードタイプのグロスを塗布し、もみあげをダブルピンでタイトに仮留め
生え際をタイトにし、表面の毛流れを強調

❷ さらにサイドラインをブラシで縦シェープ。耳にかけて後ろに流したような毛流れをつける
曲線的な毛流れを強調するため、左手で中間をおさえながら毛先までとかしつける

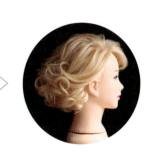

先端シェープで束感を出す

❶ サイドの中間～毛先をシェープ

フォルムがつぶれないよう、表面にブラシの先端をあてて丁寧にシェープ

❷ フロント表面の毛束をシェープ

高さを出す時は逆毛に気をつけて、根元をつまんだ状態で表面を整える

❸ 曲線的な毛流れを束で強調

曲線に沿ってブラシの先端をあて、曲線的な束感を出す

テールワーク

コームやブラシのテール（柄）部分を使って行なう
テールワークでは、求める仕上がりに向けて、
どこにどんな毛量調整が必要なのかをファイナルイメージを
明確に見きわめた上で行なっていくことが大切です。

テールワークの鉄則

求める仕上がりに向け目的を明確に定める

さまざまなテールワーク

動きを強調する

毛流れをつなげる

へこませる
（束感・陰影）

毛先をなじませる

ウエーブを整える

毛流れを強調する

カールをなじませる

毛流れを整える

毛先を巻き込む

量感を移動する（→次ページへ）

ふくらませる
（凹凸調整・立体感）

根元や表面をおさえる

カール感を強調する

内側の逆毛を安定させる（→次ページへ）

PART 4 仕上げ入門

Close Up 内側で行なうテールワーク例

テールワークの中でも、テールをフォルムの内側に入れて行なう技術に着目。
内側でどんな変化が起こり、どんな効果に結びついているのかを解説。テールワークの真髄に迫ります。

[例1] 土台のフォルムを安定させるテールワーク

上側からセンターにテールを入れ、左手で面をおさえながら、テールで中の逆毛を
かき混ぜるようにして全体の量感を動かし、なじませたり適宜からませてフォルムを安定させる。

内側（土台）はこうつくる ──────────→ テールで内側の逆毛を動かし、なじませる

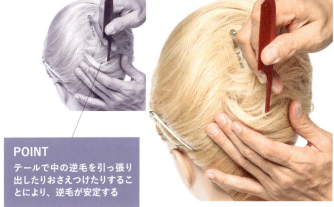

❶ 左バックをシェープ後、逆毛を立てた毛束を使い、テールでからませて、右バックにすき毛がわりの土台をつくる。右バックのピニングでおさえつけた左半分の毛束を逆に巻き込み、にんじん型に形づける。
❷ 残った右半分の毛束にも全体に逆毛を立てる。
❸ ❷の毛束を、❶でつくった土台の表面にかぶせ、毛先はテールで少しずつ内側に巻き込んでピニング。
※土台のつくり方は、120〜121ページにも掲載。

POINT
テールで中の逆毛を引っ張り出したりおさえつけたりすることにより、逆毛が安定する

[例2] バックに量感を移動させるテールワーク

バックをウエイト感のあるフォルムにする時などは、バックサイドやトップサイドにコームのテールを入れ、根元に立てた逆毛をテールでコントロールしてバック側へ移動させる。

根元の逆毛をバック側へ動かす

POINT
バックに毛量を溜めるイメージで、テールを引き込み最後はおさえるように

Close Up シェープワークとテールワークの応用

内巻きベース フォワードシェープ

カールアイロンで内巻きのベースをつくり、ブラシでフォワードにシェープして内巻きに仕上げたデザイン。ブラシの抜き方やコームの使い方に注目しましょう。

オーバーとミドルを中間〜根元まで巻くことで、表面の中間部から動きをつけることができる。

❶〜❷（ベース）：26ミリのカールアイロンで、サイドの毛束を前方に引き出して内巻き。横スライスでサイドに3段、内巻きのカールをつける。
❸〜❹（シェープ）：ブラッシング後、前方にシェープし、毛流れを整える。バックサイドの毛先はやや内に入るようにブラシを抜く。
❺（テール）：コームのテールを内側に入れ、前上がりのフォルムと内巻きの毛流れを整える。

内巻きベース 外ハネカール

ホットカーラーで内巻きのカールをつけた後、表面に外ハネの毛流れをつけたデザイン。思い通りの曲線が描けるよう、コームを使いこなしましょう。

トップサイドまで細く巻くことで、トップサイドの表面から動きをつけることができる。中間部をおさえることでへこみができ、毛先を外へ動かしやすい。

❶〜❷（ベース）：サイドを横スライスで4段、ホットカーラーで内巻きにした後、ブラッシングでよくなじませる。
❸〜❹（シェープ）：コームのテールで表面を少量分けとり、左手で内側をおさえながらコームで斜めにシェープ。外ハネの毛流れをつける。バック側の毛先をつまんで引き出し、毛流れをつなげる。
❺（テール）：コームのテールで、アウトラインを整える。

PART 4 仕上げ入門

サイドカール

巻きでつくったベースのサイドフォルムに対し、ブラシやコームで毛流れをつけ、テールで仕上げる方法を紹介します。

〉内巻き&外巻きベース 外巻きカール〈

内巻きと外巻きをミックスしてつくったベースに対し、外向きにシェープして弾むようなカールをつけたデザイン。ブラシを抜く方法に要注目です。

❶〜❷（ベース）：ロールブラシで全体に内巻き、フェイスラインは外巻きにブロー。
❸〜❺（シェープ）：サイドの内側からブラシをかませ、バック側へと外向きにシェープ。ブラシを抜く時は、ブラシに添えた指で毛束を下に落としながらブラシを離す（❹）のがポイント。これにより毛束がブラシに引っ張られることなく、カールの動きをコントロールできる。
❻（テール）：コームのテールでカールをとかし、束感をきれいに整える。

〉内巻きベース ウエーブデザイン〈

ホットカーラーで内巻きにクセづけした後、逆に外巻きでブラシを左右に振ってウエーブ状に形づけたデザイン。
全体につながりのある立体的なウエーブカールがつけられます。

❶（ベース）：サイドを横スライスで3段、ホットカーラーで内巻きにする。アウト後は、ブラッシングしてよくなじませる。
❷〜❻（シェープ）：サイドの毛束をブラシにかませ、根元をおさえながらやや斜め上方向にシェープ（❷）。その後、少しずつブラシを引き上げながら左、右と交互にブラシを振るように動かす。この時、ブラシからはずれていく毛束を3〜4指でつまみ、逆におさえつけながら、下から上へとつながりのあるウエーブを構築していく。
❼（テール）：ライジングコームで、毛流れのつながりやフォルムをきれいに整える。

仮留めワーク

ショート〜ミディアムレングスのセットでは、
ピンや輪グシで少しずつ仮留めしながら髪を形づけていくことが、
きれいな仕上がりにつながるカギとも言えます。
仮留めによく使うアイテムとその使い分け、
また、それぞれの使用例を紹介します。

仮留めの鉄則

道具を使い分け
留め方にも工夫を

仮留めアイテムの使い分けポイント

短い髪の仮留めでよく使う「ダブルピン」「ダッカール」「輪グシ」。
それぞれの特徴と、使い分ける上でのポイントを解説します。

ダブルピン

小さめながら比較的幅が広く、髪をおさえる力が強い仮留めピン。毛流れに逆らった動きやたるみやすい部分をキープするのに適している。

こんな時、ココに使える

- タイトに上げた衿足の生え際
- フォルムに合わせたもみあげ
- 立ち上げたフロントの生え際
- 小さな（狭い範囲の）毛流れ、面

輪グシ

面構成やウエーブデザインなどで使用することが多い、仮留めコーム。広い範囲の面や毛流れ、フォルムを留められるほか、セットの最終仕上げでウエーブやカールを留める時にも使える。

こんな時、ココに使える

- 広い範囲の面
- さまざまな動きやフォルム
- 表面の大きな毛流れ
（内側の毛流れ、ボリュームもキープ）

ダッカール

小さく、留め跡がつきにくいセット用のダッカールは、広い面や大きな毛流れの仮留めに適している。部分により、シングルピンやダブルピンと併用すると良い。

こんな時、ココに使える

- シェープした面の中間部（生え際にはダブルピン）
- アップシェープしたネープの面
- すき間や束感をはさんでつくりたい部分
（最終仕上げ時）
- シニヨンや前髪など、くずれやすい大きな（広い範囲の）毛流れ

PART 4 仕上げ入門

Close Up 仮留め例と注目ポイント

仮留めアイテムの使用例と、それぞれの注目ポイントを紹介します。

ダブルピン

耳上の立ち上がりをキープ

タイトに引き上げた毛束に対し、上からおさえ込むようにピンを入れる

衿足をタイトにキープ

左右の三つ衿とネープセンターの生え際をしっかり留める

フロントの立ち上がりをキープ

根元を立ち上げ、サイドへ流す毛流れに対して立ち上がりの強化のため、根元に留める

フロント～サイドへの毛流れをキープ

フロントから持ってきた毛流れや毛先を、サイドの毛流れにつなげる

ダッカール

フィンガーウエーブを仮留め

大きなうねりの部分にはダッカール、タイトに引き込んだ部分やエッジを強調したい細部にはダブルピンを使う

フォルムに陰影をつける

陰影のメリハリをつけたい時は、内側まではさむようにランダムに留めてへこみをつける

トップ～フロント～サイドの毛流れを固定

毛流れの変化や集まりをキープするため、毛先が集まっている部分（耳上）を毛流れに対して直角に留める

ネープの毛流れをキープ

シェープした毛流れの方向に対して直角に、フォルムを意識して斜め上からダッカールを留める。三つ衿の生え際はダブルピンでキープ

輪グシ

ボリュームと毛流れをキープ

内側の逆毛をつぶさずに毛流れとボリュームをキープする時は、輪グシをやや起こして斜めに入れる

フォルムの最終仕上げ

丸みをつけたりタイトに締めたい部分を輪グシで仮留めしてスプレーすることで、動きがばらけずに固定

面をつくりながらキープ

広範囲に面をつくる時は、毛流れに沿って輪グシを入れて仮留めし、ムービングスプレーでキープしながら次のセクションに移る

ネープの毛が短い場合は、ネープラインに沿って生え際を支えるように

スプレーワーク

セットの仕上げに欠かせないアイテムのひとつがヘアスプレー。
その役割から構造、種類や用途などを、あらためて整理してみましょう。

スプレーの役割と仕組み

スプレーを正しく使うために、まずはその役割と仕組みを理解しておきましょう。

あらゆる場面で毛流れとフォルムを固定

スプレーの目的は、毛流れやフォルムを固定することですが、その使い方はさまざま。最終仕上げに使うのはもちろん、施術の途中で動きを仮留めしたり、束感をつくったり、ツヤを出しながら毛流れをキープするなど、あらゆる場面で使用します。

距離を意識し量と圧をコントロール

ボタンを押すと、噴霧口から液体が霧状になって出てくる――スプレーの構造上、意識しておきたいのが「距離」と「量」の関係です。スプレーの噴霧口から髪までの距離が近いと、強い圧がかかり、出てくる量も多いのに対し、遠く離れるほど圧が弱くなり、量も少なくなります。これと、ボタンを押す力の強弱とを組み合わせて、最適な量を的確な髪の位置に付着させることが大切です。

髪からスプレーまでの距離と量・圧力の相関イメージ

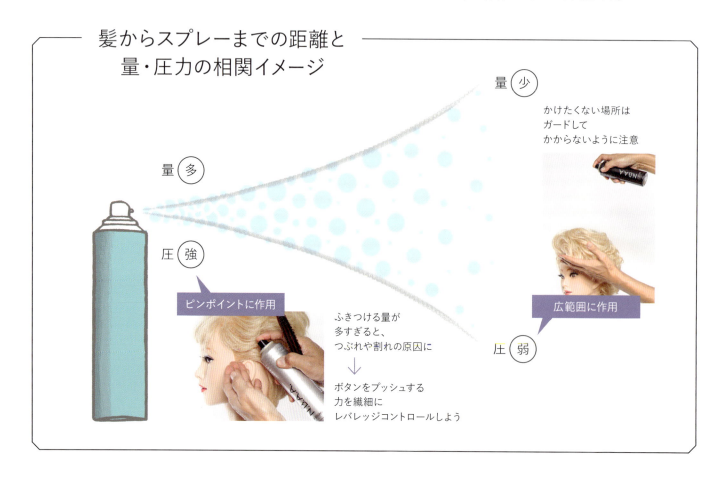

量 多 / 圧 強 — ピンポイントに作用
ふきつける量が多すぎると、つぶれや割れの原因に
↓
ボタンをプッシュする力を繊細にレバレッジコントロールしよう

量 少 / 圧 弱 — 広範囲に作用
かけたくない場所はガードしてかからないように注意

PART 4 仕上げ入門

Close Up スプレーの種類と用途

スプレーの中でも代表的な3つのタイプについて、その特徴と用途を解説します。

ハードスプレー

ホールド力重視の固めるタイプ。樹脂の膜で全体を接着するため、しっかり固定できる超速乾タイプがおすすめ。とかし直すとフレーキング（※）が起きやすいので注意。おもに最終仕上げに◯。

蜘蛛の巣のように、膜で全体を固定

こんな時に使える

・面構成のスタイルを完全固定する時
・立ち上がりや強い毛流れをキープしたい時
・表面カールやウェーブ、フォルムを完全固定する時

ムービングスプレー　オススメ

とかし直しが可能なタイプ。髪同士を点で付着させるので、軽くくっつく感じでリメイクできる。束感を出したり、なじませたり、動きを調整しながらつくる時に◯。

点で固めるイメージ

こんな時に使える

・カールの方向を整えながら仕上げる時
・表面に束感を出しながら仕上げる時
・パサついた毛流れを整える時
・少し動きを止めたい時

グロッシースプレー

シリコーンタイプ。ツヤ成分が髪1本1本をコートする。指通りが良くなる半面、床につくとすべりやすいので注意。ホールド力はないが、ツヤやクシ通りを求める時に◯。

髪1本1本がコーティングされる

こんな時に使える

・編み込みやくずしたスタイルにツヤ感を出したい時（ムービングスプレーと併用すると◎）
・ツヤツヤの面をつくりたい時（ハードスプレーと併用すると◎）
・ウエーブやカールをやわらかい質感に仕上げたい時

※フレーキングとは、スプレー成分が毛髪上からはがれて白い粉を吹いたような状態になること。蓄積した場合はエタノールで除去する

ADVICE

"マスキング"でガード

スプレーを使用する際には、お客さまの顔や衣服、アクセサリーにスプレーがかからないよう十分な注意が必要。手で顔をおおう「マスキング」を忘れないようにしましょう。

スプレーワークの鉄則

用途に応じて使い分け量と圧をコントロール

あとがき

みなさん、『ショート〜ミディアムのフォーマルセット入門』はいかがでしたでしょうか？
本書の副題に「一生使える基礎技術」とあるように、この美容業界において何十年も前から伝承してきた短い髪のセット技術と、時を経ても応用が利くデザインは、これからの時代においてもフォーマルシーンにふさわしい気品と優雅さを創出できます。

ミドル〜ハイエイジのお客さまがフォーマルな場に赴く前に、サロンで普段自分ではできないクオリティのセットスタイルにして、美しく変身する——それはお客さまにとって時に特別な体験であり、また、普段のライフスタイルにおいてもお客さまの気品を上げ、生き生きとした豊かな笑顔、優雅なたたずまいをも生みます。それを提供できる美容師はお客さまの絶対的な信頼を得ることができるのです。

さまざまなショートスタイルや髪質においても、和装・洋装のセットをしっかりとお客さまに提供できるようになれば、昨今のアレンジセットのように、業界の活性化にもつながりこれからの若い美容師にとっても、大きな強みになります。
本来ショート〜ミディアムという"短い髪"のセットは、すべての美容師に必要な日常的技術であり、かつてはお客さまが週に2日や3日もご来店され、提供してきたメニューです。ここで培われたセットの技術が受け継がれることなく途絶えてしまうとしたら大変もったいないことです。

美容師の手によってこそ叶うセットデザインとは、ボリュームバランスの良いフォルム、ツヤのあるウエーブやカールの動き、品のある毛流れという、オシャレなハイファッションには絶対に必要であり、大変付加価値の高いものです。
ぜひとも本書に登場するスタイルを繰り返し練習し、セットのバリエーションと技術の向上に役立ててください。それがまた、すべての美容師にとって最高の仕事、そしてお客さまの幸せにつながれば嬉しいです。

最後に、フォトグラファーの深谷さん、出版の機会を与えてくださった女性モード社のみなさん、そしてFEERIEスタッフ、社員、全ての関係者の方々に感謝いたします。

Be Conscious
The real revolution is the evolution of consciousness.
（真の革命は意識を進化させることである）

新井唯夫

PROFILE

新井唯夫（あらい・ただお）

FEERIE（フェリー）代表
株式会社アライタダオエクセレンス・
株式会社ジェニュイン President&C.E.O.
美容研究全国新井会 会長

ヘアサロンやエステティックサロンでのサロンワークの他、美容専門誌やテレビ番組に出演する人気美容師。日本エステティック協会 認定エステティシャンの資格を持ち、日本アロマ環境協会（AEAJ）認定アロマテラピーアドバイザーでもある。銀座やベイエリアにトータルビューティサロン「FEERIE」を6店舗展開し、「N.B.A.A.」（プロフェッショナル向け美容ツール）「TADAO ARAI」（アロマオイル・アクセサリー・和服・ドレス他）の販売・レンタルも行なう。また、ピュア化粧品を展開する「クリスタルエステ」を発表し、多方面から美にアプローチ。実地講習会では、アシスタントでも売上げを上げることができる「ジュニアセットリストコース」を提唱し、業界の流れに一石を投じる。またさまざまなヘアデザイン、テクニック、メイクアップを考案。数多くの技術書やDVDを出版し、精巧な基礎技術からデザイン論を国内外に広める。毎年全国各地やアジア地域にて数多のヘアショーや実技講習会をプロデュース。受講者は年間2万人を超える。著作に『編み込み入門』『新井唯夫のカット入門』『平成日本髪入門』『アップスタイリングDVD』（いずれも小社刊）など多数。

公式ホームページ　http://www.feerie.jp
http://www.arai-kai.net
http://www.genuine.tv

FEERIE 公式

Facebook	Instagram	Twitter

---

photo　　　　深谷義宣［aura.Y2］
book design　月足智子
illustration　CHINATSU

【ウイッグ＆道具】

Genuine inc.

〒104-0042
東京都中央区入船 3-1-13 エーユー入船ビル 5F
tel. 03-6222-2212

ARAI TADAO EXCELLENCE INC.

〒104-0042
東京都中央区入船 3-1-13 エーユー入船ビル 5F
tel. 03-6222-2225

ショート〜ミディアムの フォーマルセット入門

2018年5月25日 初版発行
定価　本体6,000円＋税

著者：新井唯夫

発行人：寺口昇孝

発行所：株式会社女性モード社
東京／〒161-0033 東京都新宿区下落合 3-15-27
tel.03.3953.0111　fax.03.3953.0118
大阪／〒541-0043 大阪市中央区高麗橋 1-5-14-603
tel.06.6222.5129　fax.06.6222.5357
www.j-mode.co.jp

印刷・製本：三共グラフィック株式会社
©TADAO ARAI 2018
Published by JOSEI MODE SHA CO., LTD.
Printed in Japan
禁無断転載